日本の運命

市野 道明

日本の運命　不屈のレジリエンスと日本の再生　大地震と戦争の連鎖から見る日本

まえがき

いまから72年前の昭和27年、あたらしい道の「松木草垣《そうえん》女史」（以下、女史とも称す）は、世界が直面するであろう困難な未来について、「行くに行けない、越すに越せない」時代を迎える可能性を指摘し、それは「１００年後」と警鐘を鳴らした。現在の世界情勢を俯瞰すると、女史の「啓示」は、現実なものになりつつある。

日本に目を向ければ、近い将来、首都直下地震と南海トラフ地震の襲来、台湾有事や尖閣有事の可能性、ロシアや北朝鮮からの軍事的脅威、経済の長期低迷や金融危機、財政の不安定化など、国の未来を左右する重大な局面を迎えることになる。これらの危機が同時に発生すると、日本がそれらを克服できるかは、極めて深刻な懸念を抱かせる。

科学的根拠はないが、地震と日本有事は時系列的に連動している。不思議ではあるが、歴史が教える事実である。この連動は、単なる偶然の産物とは考えにくく、何らかの必然性を内包しているように思える。地震は地球の地質学的プロセスによって決定されることは論を待たない。しかし、日本の歴史の重要な転換期と巨大地震の連動に関する記録は、注目に値する。

昭和16年から昭和20年にかけての太平洋戦争のさなか、負け戦に転じた昭和18年から昭和20年の終戦まで、日本は毎年、大地震に襲われた。終戦となった昭和21年と昭和23年にも大地震が連続して起きている。明治維新、日清戦争、日露戦争の前後も大地震が連発した。関東大震災は第一次世界大戦が終わった5年後に起きている。

鎌倉時代もそうであった。頻発する地震、相次ぐ飢饉、疫病の蔓延で、生きることさえ困難な時代に、日本は外敵・元寇に遭遇した。多勢に無勢でかなう敵ではなかったが、神風により日本が救われた。一夜にして14万の元軍が海の藻屑と化したのである。神話的に語られるが史実である。それまでバラバラであった日本は、朝廷、幕府、神社、仏閣、そして国民が一体となって天に祈り、一致団結して外敵と戦い、国を守ったことによる天佑神助の賜物であった。日清戦争、日露戦争においても同様な史実が数多くある。日本は誠に不思議な国である。神の国といっても過言ではない。

しかし、アメリカに敗北してからその言葉は禁句となった。それにより、それまで日本人が堅持していた「肇国《ちょうこく》の精神」と「建国の精神」という、世界が憧れた日本精神を失くしてしまった。私たちがこの精神を取り戻したとき、日本は再びよみがえるのである。「肇国の精神」とは天照大御神が授けた天壌無窮《てんじょうむきゅう》の精神（注）であり、「建国の精神」は、神武天皇が即位して、天皇のもとで国民が平和で安寧に暮らせるように、国民が一体となり、立派な国を建国する精神をいう。これらの精神を取り戻すことで、日本は再び強く、誇り高く立つことができる。

近年、「レジリエンス」（Resilience）という言葉を頻繁に耳にするようになった。レジリエンスとは生きることが困難な国家的災禍に遭遇しても、不撓不屈な精神力で生きぬくことをいう。松木草垣女史は、現在の日本が国家的危機に直面したとき、多くの人々が生きる希望をなくし、「死にたい、死にたい」と訴えるようになると教えた。東日本大震災では、被災者の半数以上が精神的疾患や身体的な不調を患った。今後、首都直下地震や南海トラフ地震が発生すれば、多くの人々が同様の事態に直面することになる。そのうえ日本有事が起きたら、想像を絶する混乱状態に陥ることになろう。この危機を乗り越えるためには、国民国家が生きぬく不屈のレジリエンスに目覚めなければ、日本は救われない。

第5章に、松本天村氏の著書『臍は神の座である』（昭和39年4月10日）を掲載した。この内容は、人間の内面世界と、自己、宇宙、天とのつながりについての洞察を提供し、生きることが困難な不毛の時代において、「みたま」の存在を理解することの大切さを教えている。原文の力強さと新鮮さをそのまま伝えたいため、ここに原文を掲載する。文中の「臍」とは、私たちの霊性を象徴する「みたま」を指している。

本書の「まえがき」と「あとがき」に、英訳の文章を追加した。これは、日本国内だけでなく、世界の読者に向けて、困難な時代を生き抜くためのメッセージを届けたいという願いからである。異なる言語や文化を超え、共感と理解を深める橋渡しとなることを願っている。この書籍が多くの人々の手に渡り、世界各地で世界平和に向けた、新たな対話のきっかけとなることを祈る次第である。

市野道明

（注）天壌無窮の精神とは、天と地が永遠に続くように、国家やその精神が永遠に続くことを意味する言葉で『日本書紀』に由来する。

"Manifesto for Japan's Future"
"View from the Linkage of Major Earthquakes and Historical International Wars and Conflicts Japan waged": Nation's Unyielding Resilience and Miraculous Revival

Foreword

More than 70 years ago, in 1952, the visionary Madam, the founder of Atarashii Michi, Mrs. Matsuki Souen, warned that humanity would face an era where it would be impossible to advance or retreat within a hundred years. Today, looking at the world, her warning seems to be becoming a reality. As for Japan, it is likely to face significant crises in the near future, including the arrival of a direct earthquake right beneath the capital Tokyo district and the Nankai Trough earthquake, potential conflicts over Taiwan and the Senkaku Islands between China (PRC), military threats from Russia and North Korea, prolonged economic stagnation, financial crises, and financial collapse. If these crises occur simultaneously, Japan as it is now will not be able to overcome them.

There is no scientific basis, but it is a curious fact taught by history that Japan's crises and earthquakes coincide chronologically. This coincidence seems to suggest some inevitability rather than being a mere product of chance. While it is indisputable that earthquakes are determined by the geological processes of the Earth, the records of the coincidence of significant turning points in Japan's history and major earthquakes are noteworthy. During the Pacific War from 1941 to 1945, Japan was struck by major earthquakes every year as the war turned against it from 1943 to 1945. Major earthquakes also occurred consecutively in 1946 and 1948, following the war's end. The Meiji Restoration, the Sino-Japanese War, and the Russo-Japanese War were also preceded and followed by major earthquakes. The famous Great Kanto Earthquake occurred after World War I.

The same was true in the Kamakura period. In an era when it was difficult even to live due to frequent earthquakes, famines, and epidemics, Japan encountered the foreign threat of the Mongol invasions. Although outnumbered and outmatched, Japan was saved by a divine wind. In one night, most of 140,000 Mongol troops were drowned at sea. It is spoken of mythologically, but it is a historical fact. Until then, Japan, which had been a loosely united nation, prayed for providence as the imperial court, shogunate, shrines, temples, and the people united to fight the foreign aggressor and protect the country. As a result, Japan succeeded in driving back the enemy.

There are many such historical facts in the Sino-Japanese and Russo-Japanese Wars. Japan is indeed a mysterious country. It is no exaggeration to say it is a divine nation. However, after losing to America, that phrase became taboo. As a result, Japan lost the "spirit of founding the nation" and the "spirit of building the nation," the Japanese spirit that the world admired. When we regain this spirit, Japan will rise again. The "spirit of founding the nation" is the eternal spirit bestowed by the goddess Amaterasu, and the "spirit of building the nation" refers to the spirit of the people uniting under Emperor Jimmu to build a splendid nation where the people can live in peace and tranquility. By regaining these spirits, Japan can once again stand strong and proud.

In recent years, the term "resilience" has become frequently heard. Resilience means to live through national disasters with an indomitable spirit. Madam Matsuki Souen taught that when Japan faces a national crisis, many people who have lost the traditional national spirit will die in despair or lament in vain. In the Great East Japan Earthquake on March 11, 2011, more than half of the victims suffered mental and physical ailments. If a direct earthquake beneath the capital or the Nankai Trough earthquake occurs in the future, many people will face a similar situation. Moreover, if a national crisis occurs, unimaginable chaos will ensue. To overcome this crisis, Japan must awaken to the ultimate resilience of a nation-state; otherwise, it will not be saved.

In Chapter 5 of this book, we have included Mr. Matsuki Tenson's "The Navel is the Seat of Kami" (April 10, 1964). This content provides insight into the inner world of humans, describing the connection between the self, the universe, and heaven, and teaches that the country of Japan will be saved by people whose "mitama" (souls) have been purified. Because it still feels fresh, we have decided to include the "original text" as is. In the text, the "navel" refers to the spiritual "mitama."

Michiaki Ichino

目次

目次

第1章

日本の課題と日本人のあり方

●日本の再建

現在の日本は、内外からの厳しい圧力を受け、愛すべき日本丸が難破しそうな危機に瀕している。日本の政治は党派間の対立が深まり、政治資金の問題や政治家のスキャンダルなど信頼を損ねている。経済は人口減少による市場縮小と物価高に直面しており、企業の不正行為や経済格差など深刻な問題となっている。外交では、中国による台湾有事や尖閣有事の可能性、ロシアによるウクライナ侵攻と北朝鮮との軍事協力など、地政学的脅威が増大している。これらの行動は、日本にとって重大な安全保障上の脅威となっている。また、道徳や思想の面では、伝統的な価値観の喪失や情報過多による混乱が拡大している。

さらに重大なことは巨大地震が迫る現実である。これらの国難をどのようにして乗り越えるか、もし乗り越えることができなければ、日本は滅亡の危機に瀕してしまう。軍事力強化、外交的努力、アメリカとの同盟強化、国土強靭化、それだけでは日本を守ることはできない。最も重要なことは、戦後に失われた「日本人の心」ともいうべき、「肇国の精神」と「建国の精神」を取り戻し、秩序ある国家を再建することにある。そのために、何よりも承知すべきことは、もともとの日本人は「みたま」の能《はたら》く、「理の民族」であったことである。昔の人はこれを「大和の国は言霊《ことだま》の幸《さき》わう国」と表現した。その自覚を持ち、この国の再建を果たさなければならない。

●運命をつかさどる力

人間は、肉体に「みたま」が宿り、大自然・大宇宙の創造主たる「天」につながっている。我々の肉体は親を通して、先祖から受け継いだ遺伝子によって生成化育されている。それと同じように、我々は先祖の「みたま」を引き継いで生まれており、天とつながる「みたま」によって生かされている。しかし、一般の人は「みたま」に対してきわめて懐疑的である。それは、「みたま」が科学的にも、医学的にも証明されておらず、宗教的な次元で捉えられているからである。

ところが、我々の事象の背後には「みたま」の能きが存在する。人の一生は運と才能と努力の三つが密接に関係して形成され、それぞれが重要な役割を果たし、一つが欠けても人生のパズルは完成しない。運は自分の手の届かないところで事象を動かす力であり、才能と努力はそれを最大限に生かすためのエネルギーである。我々の運命は決して偶然ではなく、何らかの意志によって動かされている。日本の運命も同じである。日本の国の繁栄と衰退は、日本人の「みたま」が活動するかどうかにかかっている。

聖書は「神は肉体となりて我らの中に宿る」と教えている。この「我らの中に宿る神」こそ、松木草垣女史の教える「みたま」である。女史は「みたま」は磨かれることで、「天とつながり能きとなる」と明言している。「みたま」は霊や魂と同じような意味合いを持つが、女史は霊とはいわずに「みたま」といい、魂は「みたま」を包む風呂敷のようなものと教えている。

●科学者や医学者の認識

科学や医学の立場からは、魂や霊の存在を、どのように認識しているのだろうか。お二人の方を紹介する。お一人は遺伝子研究の世界的権威者の村上和雄氏（筑波大学名誉教授）で、残念なことに数年前に故人となられた。村上氏は、『人を幸せにする魂と遺伝子の法則』（致知出版社）の中で、「魂は肉体の中核にあって、人間を超える偉大なるものにつながる」と教え、「魂と遺伝子をつなぐものが命である」と主張している。村上氏は、その偉大なる力を「サムシンググレート」と名付けた。大宇宙の創造主のことである。

もうお一人は医学者（解剖学）として有名な三木成夫氏で、亡くなられて久しいが、東京医科歯科大学で解剖学を究め、東京芸術大学教授として活躍した方である。三木氏は『内臓とこころ』（河出文庫）の中で、「人間の内臓は宇宙につながり、人間は宇宙によって生かされている」と指摘し、内臓には「宇宙のリズム」が組み込まれていると説明した。「宇宙のリズム」は我々の存在が物理的な形状や大きさだけでなく、時間や空間、エネルギーといった宇宙の基本的要素と深く結びついていることを示唆したものである。

この宇宙と「みたま」のつながりは、量子力学で教える素粒子の「粒子特性と波動特性」として理解することができる。量子力学では、細胞の基本要素である素粒子が、粒子であると同時に、波動エネルギーとして宇宙に広がっていくことを明らかにしている。この視点からみると、人間の内臓に宇宙のリズムが組み込まれていることが理解できる。

近代の量子力学では、素粒子が時空を超えて相互左右する可能性が指摘されている。たとえば、1億光年離れた場所でも、素粒子間の関連性が瞬時に現れる「量子もつれ」現象がある。この現象は、アインシュタインの相対性理論、つまり「光よりも早いものは存在しない」とする次元とは異なるもので、4次元を超えた高次元時空への端緒を開く重大な発見といわれている。

我々の「みたま」は、過去、現在、未来を通して生きぬく、時空を超えた存在であり、先祖の徳や借りを引き継いで生まれてくる。徳を持って生まれてきた人はさらにその徳を積み、借りを持って生まれてきた人は、その借りを返すために、徳を積むことが必要である。徳をもった人は、それほど苦労をせずに生きて行くことができる。徳が無いと感じる人は、徳を積むように努力した方がいい。人一倍の努力が必要な人もいるが、それを乗り越えると、運命を導く「みたま」が能くようになるのである。

●運命の開花

私が若いころ、父は正しいと信じた道を実行するために、広い土地や家屋を失う状況に陥ったが、父は敢えて、その道を選択した。途方に暮れていた私に、松木草垣女史は「あなたのお父さまは立派な方で、正しいことを為さろうとしています。天がお父さまを抱きますから、どんなことがあろうとも大丈夫です」と教示してくれた。そして、親を信じ、親を戴いて、親とともに歩むこと、それがあなたの使命であると教えられた。

私はそれを信じて女史のもとに通い、自分の「みたま」に導かれて生きてきた。その後、父は信じられない展開をいただき、すべてが救われたのであった。それは、父の「みたま」が磨かれて能きとなり、天に通じた結果である。国の運命も同じである。日本人の「みたま」が能くことにより、日本の運命は天に導かれるのである。

ここで、京セラの創業者、稲盛和夫氏のことを、お話しさせていただこうと思う。京セラはセラミックを母体として、半導体、通信、エネルギー事業を行う日本を代表する大企業である。そのうえ、ＫＤＤＩ（ＡＵ）の創業者であり、大型倒産したＪＡＬ（日本航空）の会長として、再建を果たした大経営者でもある。

桁違いの大物であるが、私はこの方に、拙著『いま、日本の危機に問う』（幻冬舎）の本を贈呈させていただいた。その後、稲盛氏からお手紙をいただき、「みたまさんを、皆さんにお伝え下さい」と丁寧に綴られていた。その頃、稲盛氏はご高齢の身で托鉢のお行をしていると聞き、大いに感銘を受けたことがある。

稲盛氏は生まれも育ちも、決して恵まれたものではなく、大学を出て入社した会社は、給料も遅配するほどの、いつ倒産してもおかしくない、ちっぽけな会社であった。多くの困難を乗り越えて成功なされた人だが、成功してからも常に、「あのような若いときの苦労があったからいまの自分がある」と謙虚に語っていた。そして、「いまの自分がしようとしていることは、世のため、人のために役立つものか、自分の名声や金儲けのためにやってはいないか」と、いつも自分に問い、その答えを聞いていると仰っていた。まさに「みたま」が磨きに磨かれた人といえよう。稲盛氏は90才で天寿を全うなされたが、いまは場所を天上に移して、日本の再建ために活躍していると信じている。

●天の加勢

松木草垣女史は、「みたま」が磨かれて能くと、「みたま」から力が湧き上がると教えた。それは「天佑自助」の言葉が教えるように、正しい誠の心をもって、世のため、人のためと努力した人に、天は加勢する意味である。加勢の主は、我々の「みたま」である。人は苦労を乗り越えると「みたま」が磨かれて、「みたま」が能くようになる。「天佑自助」と同じような言葉に「天佑神助」がある。日露戦争で東郷元帥が、ロシアのバルチック艦隊を撃破したとき、「天佑や神助が必ずあると信じていた。正義あってこその天佑、誠あってこその神助」と語ったことは有名である。

この戦いの日は、秋山真之が打った電信「天気晴朗なれども波高し、皇国の興廃この一戦にあり」から、大海のうねりが高かった様子が読み取れる。この日、訓練を重ねた日本の海軍が、荒れた海の中で優れた砲撃技術を駆使して勝利を収めたことは、まさに天の加勢によるものであった。

わが国は鎌倉時代、中国「元」（皇帝フビライ）の侵略に果敢に立ち向かった歴史がある。1274年の「文永の役」と1281年の「弘安の役」、俗にいう「元寇」である。モンゴル帝国は、北京に首都を移し、1271年に国名を「元」と改めた国で、歴史上、中国の帝国として扱われている。当時「元」は、中国全土だけでなく、西は東ヨーロッパ、トルコ、シリア、南は朝鮮、アフガニスタン、チベット、ミャンマーなど、ユーラシア大陸の広範囲な地域を領土とした世界屈指の強国であった。

この時代、わが国は朝廷と幕府の対立が激しく、国の政治は乱れ、度重なる飢饉、地震、疫病に苦しんでいたが、外敵「元」に対しては、朝廷、幕府、神社、仏閣、民衆が一つになって国を守りぬいたのである。圧倒的な軍事力の差があり、とてもかなう敵ではなかったが、大自然の助けを得て、国が守られたのである。救ったのは「神風」であった。

弘安の役では元軍14万人、4400隻の大軍団が博多湾を埋め尽くした。この外敵に対して鎌倉武士団6万人が対峙した。2カ月にわたる激闘のなか、多勢に無勢で日本の負けが濃厚になったとき、大型台風が博多湾を襲い、一夜のうちに元軍は海の藻屑と化し、日本が劇的に勝利したことは有名な史実である。元寇を迎え撃ったのは北条時宗である。彼は18才で執権となり、元寇が終わった３年後に、若くして病に倒れ32才で亡くなった。まさに、元寇から日本を救った英雄であった。

元寇の起きる14年前、日蓮は『立正安国論』を上梓し、正しい政治を行わなければ、モンゴルに征服されてしまうと幕府に警告した。しかし、彼の主張は受け入れられず迫害され、奇跡的に死刑を免れた後、元寇の始まるまで、佐渡島へ島流しにされたのである。

現在の中国は「元」と同じように危険な国であることを認識し、わが国の為政者たちに、正しい心を持って、正しい政治を行なうよう訴えなければならない。このままでは日本は中国、ロシアにつぶされてしまう。そんな危機感を感じるのは私だけではない。

●自ら国を守ることを許さない憲法

ところが、我々は国を守る憲法さえ持ち合わせていない。自衛隊を違憲とする憲法９条の改正は当然のことであり、巨大災害やテロなどの非常事態を想定した「緊急事態法」の整備すらできていない。憲法９条の「正義と秩序を基調とする国際平和を忠実に希求し、武力による威嚇と国の交戦権は認めない。陸海空軍、その他の戦力はこれを保持しない」とする条文は、自衛隊が合憲か違憲かという問題ではなく、日本の国を自らの手で守ることを許していない憲法と言わざるを得ない。

さらに驚くべきことは、日本国憲法には「国家元首」が規定されていないことである。戦後から今日まで、日本の国家元首は空席のままである。このことは日本国憲法を草案したアメリカによる意図的な行為であったが、そんな憲法を厳格に守り続ける姿勢を見て、日本に詳しい外国人は驚いている。しかし、多くの日本人はこの事実に対してあまり疑問を抱いていない。それは、戦後の教育によってそのように教えられてきたからである。

●戦後に失われた建国の精神

いまから72年前の昭和27年、この年はサンフランシスコ講和条約が結ばれて、日本が主権を回復した年である。7年におよんだアメリカの占領が解除され、ようやく日本の夜明けが訪れたと思っていた矢先に、松木草垣女史の「みたま」から、「国が危ない、国が危ない」と天音が流れ、日本の将来に警鐘が鳴らされた。

それは、アメリカの占領政策によって、日本の輝かしい精神文化、たとえば、「敬神崇祖」（神と祖先を敬う心）、「報徳の精神」（努力と恩返しの精神）、「祖国愛」（国への愛情）、「和の心」（調和を大切にする心）など、古来から続く伝統ある価値観は消滅し、日本人としての軸を失ってしまったことに対する、天からの警告であった。かつては外国が手本にするほどの国であったのに、このままでは、日本人の精神がむしばまれ、外国につぶされてしまうと教えたのである。

歴史学者アーノルド・トインビーは、自著『歴史の研究』の中で、「文明が自国の文化や歴史を忘れると間違いなく衰退する」と警鐘を鳴らしている。この言葉は、いまの日本人にとって決して他人事ではない。戦後、日本の教育は、戦前の教育を否定するあまり、自国の「歴史と信仰と人の道」を教えることを拒み続けてきた。その結果、多くの日本人が自国の歴史や文化に対する誇りを失い、国際社会での立ち位置が大きく揺らいでいる。戦後教育を受けた世代が８割を超えるいま、現状に対する危機感がますます深刻になっている。

「外国が手本にするほどの国」とは、どういうことなのか。最も大切なことを一つだけあげるとすれば、「万世一系」、「一君万民」の天皇のもとで、２０００年以上も続く世界最古の王朝国家、それが「日本」であるという事実である。当時の国民は天皇を心から尊敬し、天皇のもとに一致団結していた。その姿に外国人は畏敬と尊厳の念を抱いたのである。それは、次に示す歴史的事実が証明している。

●世界が感服した君が代と教育勅語

明治36年、日露戦争の前年にドイツで開催された世界の国歌コンクールで、日本の「君が代」は「荘厳で優雅な天上の音楽」と評価され、世界最優秀の第一位に輝いた。この事実は『日本国国歌正説』（佐藤仙一郎著、全音楽譜出版社）に記録されている。

「君が代」の歌詞は、古今和歌集（９０５年、平安時代）に収録された「詠み人知らず」の和歌で、天皇の御代が国民に敬愛されていたことを示している。絶対君主制のもと、君主と民衆の争いが絶えない時代にあって、天皇を「千代に八千代に」と讃える日本の国歌が、世界から最高の評価を受けていたのである。

外国の国歌の多くは壮絶な戦いを経て、自由を勝ち取った歴史が歌詞に刻まれている。そのため、戦闘的な歌詞が多く、天皇を讃える「君が代」とは大いに異なっている。たとえば、中国の国歌である「義勇軍行進曲」は、抗日戦争の時期に作られた革命歌曲で戦闘歌である。その歌詞は、「いざ立ち上がれ、奴隷を望まぬ人々よ・・・我らの血と肉を持って敵の砲火に立ち向かえ」と歌われている。

ドイツの国歌「ドイツの歌」は、ドイツ統一の歴史を背景に持ち、自由と統一を讃える歌詞が特徴である。フランスの国歌「ラ・マルセイエーズ」は、フランス革命時に作られ、自由と平等のために戦う決意を歌っている。アメリカの国歌「星条旗」は、米英戦争の中で生まれ、自由と勇気を讃える内容である。一方、イギリスの国歌「ゴッド・セイブ・ザ・キング」は、名誉革命で排斥された国王と新たに国王となった王室との戦いにおいて、王室の権威と国民の愛国心を鼓舞した曲である。

日露戦争が終わった明治41年、ロンドンで開催された第一回世界道徳教育会議で、日本の教育勅語と修身は高く評価されたと記録されている。外国の要人たちはその内容に感銘を受け、熱心に翻訳本を求めた。日清戦争、日露戦争に勝利し、短期間で列強の一員となった日本の強さの秘密は、ここにあったのかと、列強は日本の教育勅語と修身の精神を手本にしたのである。

まさに教育勅語は、日本の「建国の精神」を謳った日本の宝である。万世一系の天皇を尊び、先祖、親、兄弟を敬い、義勇公に奉じる精神こそ、悠久の昔から続く日本人の心根であった。しかし、アメリカによる占領政策で教育勅語と修身は廃止された。アメリカは、日本の尊い精神を根こそぎ消し去ってしまったのである。

それ以上に残念なことは、日本人自らが、この大切な価値を失うことに加担してしまったことである。戦後の教育では、国歌斉唱や国旗掲揚に対する反対があり、教育勅語も国家権力の象徴として批判されてきた。このような考え方が、現在の日本の分断を生み出した一因といえるのである。

アメリカのレーガン大統領の時代、学校では暴力と麻薬問題が深刻化し、教育現場が荒廃していた。この状況を改善するため、日本の道徳教育を学ぶ使節団が派遣されたことがある。

その代表者であるウィルアム・ベネット氏は、日本の修身と教科書から選ばれた良い話を集めた『道徳読本』を著し、これがベストセラーになり、アメリカの教育再建に大きな影響を与えたとされている。また、戦後の西ドイツでは、アデナウアー首相が、日本の修身に学んだ道徳教育を推進して復興を遂げた。

イギリスのサッチャー首相も、日本の道徳教育を自国の教育に採用した。このような事実を、多くの日本人は知らされていない。日本の道徳教育が世界に評価され、外国の教育改革に大きな影響を与えているという事実を、もっと多くの日本人が知るべきである。

●国が危ない合図は巨大災害

今年の元旦、能登半島で大地震が発生し、多くの人命が奪われた。大自然は酷なもので、人間に恵みを与える豊穣な海や大地が、時により人間を飲み込む、ヤマトノオロチに大変貌するのである。竜が空を飛んでいるように見える能登半島の地が、辰年の元旦に大地震に襲われた意味は重大である。

近い将来に予測される南海トラフ地震や首都直下地震は、日本に甚大な影響を及ぼす可能性がある。中央防災会議は南海トラフ地震が発生した場合、最悪のシナリオでは死者32万3千人、避難者950万人に達すると予測している。一方、首都直下地震では、最大で死者2万3千人、避難者720万人になるとの見通しを示しており、これらの数字は私たちに対する重大な警告になっている。

ちなみに、阪神淡路大震災の死者は6434人、東日本大震災は2万2215人であったが、南海トラフ地震は阪神淡路大震災の50倍、東日本大震災の15倍の被害が予想される。しかも、南海トラフ地震と首都直下地震は連動して起きることもあり、二つの地震が同時に起きると、その被害は想像を絶するものになる。静岡の御前崎に建つ「浜岡原子力発電所」は、施設の耐震性や津波対策などで、さまざまな面で対策が講じられているが、地震の脅威に対する心配は尽きない。

失う資産も巨額となる。阪神淡路大震災では10兆円、東日本大震災で18兆円の資産が失われたが、土木学会の試算によると、南海トラフ地震では資産被害は170兆円、生産施設停止による損失は1240兆円、合計1410兆円、首都直下地震では資産被害は47兆円、生産施設停止による損失は９５４兆円、合計１００１兆円と予想され、膨大な被害となる。

建物の倒壊や火災がなければ被害を大幅に減らすことが可能であるが、南海トラフ地震では、津波による死者は全体の８割とされていることから、死者の数を減らす効果は余り期待できない。結局、逃げる以外には助かる道はないのである。ちなみに、昭和58年以前の旧耐震基準で建てられている家屋は、震度５以上で倒壊する恐れが高く、現在の建物の３分の１はそれに該当している。

東日本大震災では、避難した人の半数以上が、「精神的障害」を訴えた。亡くなった２万２２１５人の内、３７９２人が災害関連死である。熊本地震では亡くなった２７６人の内、２２１人が災害関連死であった。今年元旦の起きた能登半島地震では、９月５日現在で３７６人が亡くなり、この内、１４９人が災害関連死である。多くの人が、過酷な避難生活によって命を失くしているのである。今後も増える可能性が高い。

地震のたびに、罪もない多くの人々が犠牲になるのである。私は阪神淡路大震災や東日本大震災の被害をつぶさに見て、復興に取り組んできた経験から、このような災害が日本各地で起きると、日本が滅亡するほどの危機に置かれることは容易に察することができるのである。

●歴史が教える地震と戦争の連動

太平洋戦争は昭和16年の真珠湾攻撃で始まり、昭和20年の原爆投下を受けて、日本の無条件降伏で幕を閉じた。その間、昭和18年の鳥取地震（死者1083人）、昭和19年の昭和東南海地震（死者1223人）、昭和20年の三河地震（死者3432人）が連続して発生し、終戦翌年の昭和21年には昭和南海地震（死者1464人）、昭和23年には福井地震（死者3769人）が起きている。本土襲撃という戦火の中と、戦後の混乱期に地震に襲われた日本の惨状は、筆舌に尽くし難い状況であったといわざるを得ない。

その後、戦争が終わってから阪神淡路大震災までの50年間は、昭和58年の日本海中部地震（死者104人）と平成5年の北海道南西沖地震（死者230人）の二つの大きな地震はあったものの、長い間、地震と戦争の脅威から解放された、平穏な生活を謳歌していた。しかし、再び、国家を揺るがす外敵と地震の襲来が予想される時代を迎えている。

明治維新、日清戦争、日露戦争の前後にも多くの地震が発生した。幕末の嘉永6年には、ペリーの黒船が浦賀沖に来航し、開港を要求して幕府を脅迫した。その翌年に日米和親条約が結ばれたが、その年の暮れに安政東海地震と安政南海地震が発生した。次の年には安政江戸地震が発生し、その次の年には大型台風が関東地方を直撃し、合わせて10万人以上が亡くなったことがある。

日清戦争と日露戦争のときも、大地震が頻発した。そして、第一次世界大戦（大正３年から大正７年）が終わった大正12年、いまから１００年前に、わが国の地震史上で最大の惨事を出した関東大震災（死者10万５３８５人）が発生した。これらの詳細については、第２章で詳しく述べている。

巨大地震と外国との有事が重なると、現在の日本人では、この災禍を乗り越えることができない。現在、世界ではロシアによるウクライナの侵略戦争と、この戦争に並行して起きたイスラエル・ハマス戦争のさなか、紛争の続く中東のトルコ・シリアで5万6千人以上の死者がでる大地震が発生した。続いて、北アフリカのモロッコでも地震が発生し、死者3千人以上を出した。さらにアフガニスタンの地震で2千人以上の死者が出た。このような戦争の最中に、これらの地域で地震が発生したことを重く受け取めるべきである。

●天と地がもめる

最後に、松木草垣女史の教えを紹介する。このお示しは「行くに行けない、越すに越せない」時代を見据えた天の啓示の一節である。

《天と地がいずれもめる。ところが浮世のお方は何にも知らない。だから後手をつく。そうすると死ぬより他に方法がない。いまに天地がもめて、我々に大きな苦を見せる。だから浮世に思い方を教えてやれ。この国に生まれた自分たちを振り返れ》（昭和48年1月11日）と教え、助かるための「救いの理」を次のように教えている。

《これから死にたい、死にたいという人が沢山増えるんです。だから、どうしてもお前たちが、「みたま」になって、浮世の人を抱いてください。このままでは沢山の人が死んでしまう。お互いさんが生きて、生きて、生きおおすんです》（昭和57年5月7日）

「天と地がもめる」とは、自然災害や社会的混乱を象徴する言葉である。自然災害は避けがたい大自然の脅威であり、社会的混乱は人間の欲望や対立する思想が引き起こす事象である。

大洪水、巨大地震、戦争はこれらの中でも特に破壊的なものである。一日も早く、天地の調和を取り戻し、これらの危機を克服しなければならない。

そのためには、人間本来かくあるべしとする、人間本来の生き方への回帰と、社会的な対立を超えた共生の精神を育むことである。近い将来、わが国は極度の困難に遭遇する可能性が高い。そのときに備えて、生きる力の根源である「みたま」の存在に目覚めなければならない。それにより、我々は困難を乗り越え、日本の国を守ることができる。これは、日本の歴史が教える大切な教訓である。

第2章

日本の危機

●国難をもたらす巨大災害

今後、20年から30年以内に発生すると予測される南海トラフ地震と首都直下地震、さらに、東京、大阪、名古屋といった主要都市で大規模水害の発生が懸念される。中央防災会議は、最悪のシナリオで、南海トラフ地震で死者32万3千人、避難者950万人、首都直下地震で死者2万3千人、避難者720万人、首都が水没した場合には死者15万9千人に達すると警鐘を鳴らしている。これらの災害が同時に、または連続して発生した場合、死者数が50万人を超える巨大災害になる可能性がある。このような災害を「複合災害」といい、過去に何度も発生していることを認識する必要がある。

首都直下地震と首都水没が同時に発生すれば、東京は壊滅的打撃を受ける。さらに、南海トラフ地震が発生すれば、日本全体が深刻な状況に陥る可能性が高い。これらの災害は、それぞれ単独で発生するか、同時に発生するかは分からない。そのうえ、日本有事が連動する可能性もある。それは空想の話ではなく、過去に何度もあった史実である。

表－1に示す災害は、江戸時代と平安時代に起きた大規模な複合災害の例である。江戸時代には、安政時代と元禄時代に起きている。

表-1　過去の巨大複合災害

発生年	名称	死者・行方不明（人）
1854	安政東海地震、安政南海地震（東海、西日本）	6,000
1855	安政江戸地震（関東）	7,444
1856	安政江戸台風、高潮（近世史略より）	10万
1850年頃の人口／2,900万人		
1703	元禄地震（関東）	10,000
1707	宝永地震（東海、西日本）	20,000
	富士山宝永噴火（東海、関東）	不明
1707年頃の人口／2,600万人		
864～866	富士山貞観噴火（東海、関東）	不明
869	貞観地震（東日本）	1,000
878	元慶地震（関東）	死者多数
887	仁和地震（西日本）	死者多数
850年頃の人口／650万人		

資料：理科年表（国立天文台編）他文献より

安政の複合災害は、２度にわたる黒船の脅しに屈して、日米和親条約が締結された年の11月、南海トラフによる安政東海地震と安政南海地震が発生した。その翌年の10月には、東京湾北部を震源とする安政江戸地震が続き、さらにその翌年の8月に、安政江戸台風が関東地方を襲い、10万人以上が犠牲となった巨大災害である。

元禄の複合災害は、赤穂浪士の討入り事件の翌年、江戸直下に房総半島南方沖を震源とする元禄地震が発生し、その4年後には、東海から東南海・南海にかけて南海トラフの宝永地震が起き、その49日後に富士山の宝永噴火が発生した巨大災害である。平安の複合災害は、富士山の貞観噴火と、それに続く貞観地震、元慶地震、仁和

図-1　10年周期で連動して起きた地震（平安時代）

地震の三連動地震をいう。貞観噴火は青木ヶ原樹海を形成した巨大噴火として知られている。これらの地震は、図-1に示すように、10年周期で、三陸沖から、相模トラフ、駿河トラフ、南海トラフへと移動している。東日本大震災から10年以上が経過した今日、首都直下地震と南海トラフ地震の発生が心配されるところである。

関東大震災から100年が過ぎ、南海トラフの昭和南海地震と昭和東南海地震から80年近くが経過しており、関東か

ら西日本にかけて、何時、地震が起きてもおかしくない状況にある。

●首都直下地震

首都直下地震とは、関東大震災を起こした相模トラフによる海溝型地震と、東京湾北部で発生する内陸型地震および、千葉県沖や房総半島沖で発生する地震を一括りにしていう。表１－２は、過去の地震記録から、「死者有り」とされる地震を時系列にまとめたものである。

古代の地震で「死者あり」と記録があるものは、８１８年の弘仁地震と８７８年の元慶地震がある。８７８年から１２５７年までの３７９年間については、多くの地震が起きているが、死者に関する記録がないため、この表には載せていない。

また、『吾妻鏡』に記載されている１２４１年の仁治鎌倉地震についても、死者の記録が不明なため、この表に含めなかった。しかし、同書に「４月23日の戌の刻に大きな地震が起こった。音が鳴り響き、神社や仏閣はすべて倒壊した。山々は崩れ、人々の家も倒れ、築地の壁もすべて壊れた。あちこちで地面が裂け、水が湧き出し、中下馬橋のあたりでは地面が裂

表-2　首都直下地震(死者あり)

年代(年)	間隔	発生年	地震名	マグニチュードM	死者・行方不明(人)
800	60	818	弘仁地震	7.5	死者多数
		878	元慶地震	7.4	死者多数
900					
1000	379				
1100					
1200	36	1257	正嘉鎌倉地震	7.5	死者多数
		1293	鎌倉大地震	8.0	23,000
1300	140				
1400	62	1433	永享相模地震	7.0	死者多数
	78	1495	明応鎌倉地震	8.0	200
1500		1573	天正小田原地震	7.0	死者有り
1600	60	1615	元和江戸地震	6.3	死者有り
		1633	寛永小田原地震	7.0	150
	16	1647	正保相模地震	6.5	死者有り
		1648	慶安相模地震	6.0	死者有り
		1649	慶安江戸地震	7.0	50
1700	54	1703	元禄地震	8.1	10,000
	79	1782	天明小田原地震	7.0	死者有り
1800	73	1812	文化神奈川地震	6.4	死者有り
		1853	嘉永小田原地震	6.7	24
		1855	安政江戸地震	7.0	7,444
		1894	明治東京地震	7.0	31
	68	1895	茨木東部地震	7.2	6
1900		1921	茨木南部地震	7.0	9
		1922	浦賀水道地震	6.8	2
		1923	関東大震災	7.9	105,385
		1924	丹沢地震	7.3	19
	100	1931	西埼玉地震	6.9	16
		1987	千葉東方沖地震	6.7	2
2000		2023			

資料:理科年表(国立天文台編)他文献より

け、その中から火が燃え上がった。また、由比浦の大鳥居内の拝殿が潮に引き寄せられ、流失した」との記述があり、地震の激しさがうかがえる。

1257年の正嘉鎌倉地震と1293年の鎌倉大地震では、甚大な被害が報告されており、鎌倉大地震は死者2万3000人にのぼり、津波を伴う大地震であったことが確認されている。有名な「元寇」（1274年・1281年）は、この間に発生した。また、室町時代の1495年に起きた明応鎌倉地震は、『鎌倉大日記』のなかで、「大津波により、鎌倉由比浜の海水が千度壇まで達し、大仏殿の建物が破壊され、200人が溺死した」と詳細に記録されている。

その後の主な地震には、1633年の寛永小田原地震、1649年の慶安江戸地震、1703年の元禄地震、1855年の安政江戸地震、1923年（大正12年）の関東大震災がある。関東大震災は死者が10万5385人に達する大惨事となった。

首都直下地震は正嘉鎌倉地震から関東大震災までの666年間で、平均70年周期で大きな地震が発生している。すでに関東大震災から100年以上が経過しているため、首都圏近傍で大規模地震が発生する可能性がますます高まっている。

●南海トラフ地震

南海トラフ地震の詳細な記録を表－3に示す。この地震は周期的に発生し、そのパターンは多岐にわたっている。東海地震、東南海地震、南海地震の3つが同時に発生したり、数日から数か月、あるいは数年後に発生したりする。また、富士山の噴火と同時に発生することもある。さらに、首都直下地震と連動したり、図－1に示した貞観地震のように、三陸沖から相模トラフ、駿河トラフ、南海トラフへ移動したりすることもある。これらのパターンは、地震が多様な形態で発生することを教えている。

地震周期については、684年の白鳳地震から1362年の正平地震までの約700年間は、203年から266年の間隔で発生しており、その周期は概ね200年から250年である。そして1362年から1946年までの約600年間は、90年から147年の間隔で起きており、その周期は概ね、100年と150年の間隔で、交互に発生している。このサイクルが今後も続くとすると、次の周期は100年となるが、それを正確に予知することはできない。

鎌田教授（京都大学名誉教授）は、昭和東南海地震と昭和南海地震が安政の南海トラフ地

表-3　繰り返し発生する南海トラフ地震

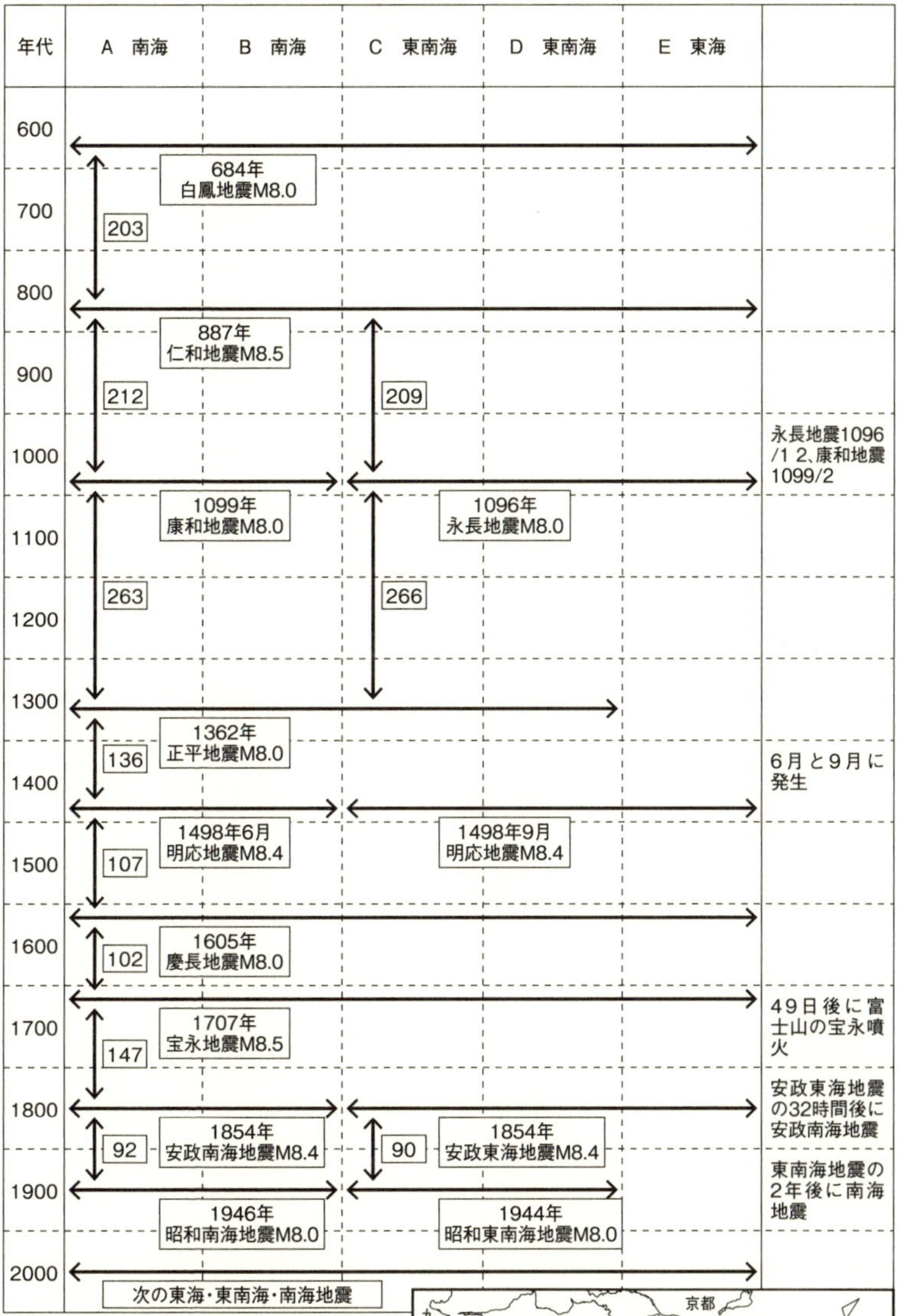
年代
A　南海
B　南海
C　東南海
D　東南海
E　東海
600
700
800
900
1000
1100
1200
1300
1400
1500
1600
1700
1800
1900
2000
684年
白鳳地震M8.0
203
887年
仁和地震M8.5
212
209
永長地震1096/1 2、康和地震1099/2
1099年
康和地震M8.0
1096年
永長地震M8.0
263
266
1362年
正平地震M8.0
136
6月と9月に発生
1498年6月
明応地震M8.4
1498年9月
明応地震M8.4
107
1605年
慶長地震M8.0
102
49日後に富士山の宝永噴火
1707年
宝永地震M8.5
147
安政東海地震の32時間後に安政南海地震
1854年
安政南海地震M8.4
92
1854年
安政東海地震M8.4
90
東南海地震の2年後に南海地震
1946年
昭和南海地震M8.0
1944年
昭和東南海地震M8.0
次の東海・東南海・南海地震

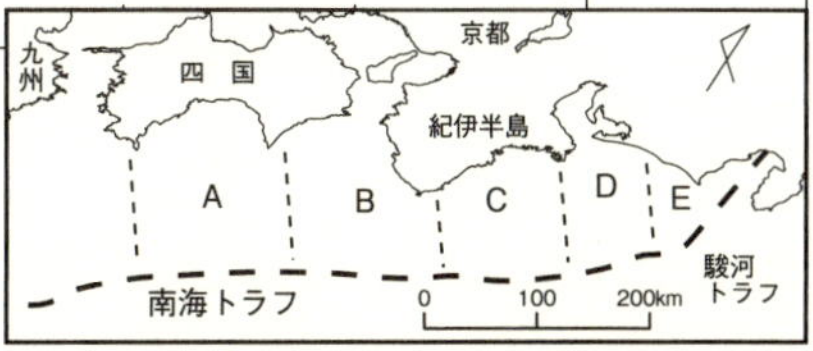
九州
四国
京都
紀伊半島
A
B
C
D
E
南海トラフ
駿河トラフ
0
100
200km

資料：理科年表（国立天文台編）
他文献より

震から、90年と92年の間隔で起きていることや、これまでの観測データや研究より、次の南海トラフ地震は、「2035年±5年」の時期に高い確率で起き、それに誘発されて、富士山噴火と首都直下地震が発生する可能性が高いと、『2040年の未来予測』（日経BP）の中で、警鐘を鳴らしている。

●富士山の噴火

富士山の噴火が心配される。東日本大震災の直後に富士山直下でM6・4の地震が起き、富士山が噴火しないかと専門家の間で緊張が走ったことがある。富士山は800年の延暦噴火、864年の貞観噴火、937年の承平噴火、1707年の宝永噴火と大きな噴火が起きており、小規模な噴火を含めると、有史以来、平均100年の間隔で噴火している。

しかし、宝永噴火以来、現在までの310年間は一度も噴火していない。地下20kmのマグマだまりは、いつ噴火してもおかしくない状態となっており、首都直下地震や南海トラフ地震と連動する可能性が指摘されている。いつとは断言できないが、富士山は100％の確率で噴火する。

日本を含む環太平洋火山帯には世界の８割の火山が集中し、世界の地震の９割がこの火山帯で発生している。世界の陸地の０・25％という狭い日本の国土に、世界の７％の１１１の火山がある。日本にこれだけ多くの火山が集中すること自体が驚きである。

●地球温暖化と海面上昇

地球温暖化と異常気象の影響で、洪水や高波のリスクが増大している。令和元年10月の台風19号は、１００年に一度といわれる強烈な雨により、千曲川と阿武隈川が決壊し、死者と行方不明者を合わせて１０８人の犠牲者が出た。幸いなことに、東京湾が満潮時でなかったため、荒川、江戸川、利根川は決壊を免れ、首都圏は大災害を避けることができた。

しかし今後は、これよりもはるかに大規模な台風や線状降水帯が、日本列島を直撃する可能性は、ますます高まっている。東京だけでなく、大阪の淀川や名古屋の木曽川、長良川の決壊が懸念されるところである。

台風19号を超える暴風雨が発生すると、東京湾、伊勢湾、大阪湾の海面は急激な勢いで危険水位に達し、巨大な高潮が発生する。この高潮は大津波となり、港湾や沿岸地域に甚大な被害をもたらすことになる。

●自然災害リスクの高い都市ランキング

スイスの再保険会社（保険会社のリスクを担保する保険会社）のスイスリーによる、『自然災害リスクの高い都市ランキング（２０２３年）』によると、東京・横浜が世界で最も危険な都市にランクされている。これは、世界で地震活動が最も活発な地域に位置していることや、洪水、台風、高潮、津波などの危険性が高いことが背景にある。そして、人口密度が高いことが指摘されている。２位はインドネシアの首都ジャカルタで、やはり地震、台風、高潮のリスクが高いことがあげられている。３位はフィリピンの首都マニラ、４位は大阪・神戸、５位は名古屋の順である。日本の主要都市がこのような上位にランクインしていること自体、大変な驚きである。トップ10は以下の通りである。

《1位、東京、横浜（日本）、2位、ジャカルタ（インドネシア）、3位、マニラ（フィリピン）、4位、大阪、神戸（日本）、5位、名古屋（日本）、6位、カルカッタ（インド）、7位、ロサンゼルス（アメリカ）、8位、上海（中国）、9位、テヘラン（イラン）、10位、イスタンブール（トルコ）》

●日本有事と地震の連動

米中間の緊張が高まり、世界覇権を巡る戦いが始まっている。直接的な衝突の火種は台湾有事に始まり、尖閣有事に飛び火し、日本全体が巻き込まれる可能性が高い。尖閣有事はもとより、台湾有事にあっても、石垣島、与那国島、宮古島を含む日本の領海は主戦場となろう。日本は日米安保体制のもとで、中国との戦いに直面することになる。東アジアでの戦争は絶対に避けなければならない。そのうえで日本の国を守るため、挙国一致の精神のもと、わが国の領土、領海を守らなければならない。

ここでは、過去の記録から、日本有事と地震、すなわち戦争と地震の関係を考察する。表－4は、死者1000人以上の地震記録を、表－5は、明治から今日までの死者100人以上の地震記録を示しているが、考察にあたっては、この表に記されていない地震も含めて述べることにする。

地震記録を調べてみると、科学的根拠はないが戦争と地震は時系列的に連動している。不思議なことであるが、これは歴史が教える史実である。歴史上の戦争と地震の連動は、偶然を超えた必然的なつながりを示唆しているように思える。

昭和16年12月8日から昭和20年8月15日にかけての太平洋戦争のさなか、日本は幾度となく大地震に襲われた。昭和18年の鳥取地震（M7・2、死者1083人）、昭和19年の昭和東南海地震（M8・0、死者1223人）、昭和20年の三河地震（M6・8、死者3432人）が連続して発生し、終戦翌年の昭和21年には昭和南海地震（M8・0、死者1468人）、昭和23年には福井地震（M7・1、死者3769人）が起き、戦中と戦後の混乱期にかけて、日本海側と太平洋側で次々と大地震が発生した。

表-4　巨大地震　死者1000人以上

時代	発生年	地震名	規模M	死者行方不明（人）	備考
古墳	416（允恭5）	允恭地震	日本書紀に残る最古の地震		
飛鳥	684（天武13）	白鳳地震	日本書紀に残る最古の南海トラフ地震		
平安	869（貞観11）	貞観地震	8.3	1,000	東北三陸
	1096（嘉保3）	永長地震	8.0	10,000	東海、東南海
鎌倉	1293（正応6）	鎌倉大地震	8.0	23,000	関東
室町	1498（明応7）	明応地震	8.4	41,000	東海、東南海、南海
豊臣	1596（文禄5）	慶長伏見地震	7.0	1,000	京都
江戸	1605（慶長9）	慶長地震	8.0	10,000	東海、東南海、南海
	1611（慶長16）	会津地震	6.9	3,700	会津
		慶長三陸地震	8.1	5,000	東北三陸
	1703（元禄16）	元禄地震	8.1	10,000	関東
	1707（宝永4）	宝永地震	8.5	20,000	東海、東南海、南海
	1766（明和3）	津軽地震	7.0	1,500	津軽
	1771（明和8）	八重山地震	7.4	12,000	沖縄八重山
	1792（寛政4）	島原大変肥後迷惑	6.4	15,000	長崎県島原
	1828（文政11）	三条地震	6.9	1,500	新潟
	1847（弘化4）	善光寺地震	7.4	8,174	長野
	1854（嘉永7）	伊賀上野地震	7.3	1,500	伊賀上野
	1854（安政1）	安政東海地震	8.4	3,000	東海、東南海
		安政南海地震	8.4	3,000	南海
	1855（安政2）	安政江戸地震	7.0	7,444	関東
明治	1891（明治24）	濃尾地震	8.0	7,273	岐阜濃尾
	1896（明治29）	明治三陸地震	8.2	21,959	東北三陸
大正	1923（大正12）	関東大震災	7.9	105,385	関東
昭和	1927（昭和2）	北丹後地震	7.3	2,925	京都丹後半島
	1933（昭和8）	昭和三陸沖地震	8.1	3,064	東北三陸
	1943（昭和18）	鳥取地震	7.2	1,083	鳥取
	1944（昭和19）	昭和東南海地震	8.0	1,223	東南海
	1945（昭和20）	三河地震	6.8	3,432	愛知県三河
	1946（昭和21）	昭和南海地震	8.0	1,464	南海
	1948（昭和23）	福井地震	7.1	3,769	福井市
平成	1995（平成7）	阪神大震災	7.3	6,434	大阪、神戸
	2011（平成23）	東日本大震災	9.0	22,215	東北三陸、宮城、福島

資料：理科年表（国立天文台編）他文献より

表-5　明治以降　死者100人以上

時代	発生年	地震名	規模 M	死者 行方不明 （人）	津波	備考
明治	1872（明治5）	浜田地震	7.1	551	なし	鳥取県浜田市
	1891（明治24）	濃尾地震	8.0	7,273	なし	岐阜濃尾
	1894（明治27）	庄内地震	7.0	726	なし	山形庄内
	1896（明治29）	三陸沖地震	8.2	21,959	38.2	東北三陸
	1896（明治29）	陸羽地震	7.2	209	なし	秋田・岩手県境
大正	1923（大正12）	関東大震災	7.9	105,385	12	関東
	1925（大正14）	北但馬地震	6.8	428	なし	兵庫県但馬
昭和	1927（昭和2）	北丹後地震	7.3	2,925	なし	京都丹後半島
	1930（昭和5）	北伊豆地震	7.3	272	なし	函南丹那
	1933（昭和8）	三陸沖地震	8.1	3,064	28.7	東北三陸
	1943（昭和18）	鳥取地震	7.2	1,083	なし	鳥取
	1944（昭和19）	昭和東南海地震	8.0	1,223	10	東南海
	1945（昭和20）	三河地震	6.8	3,432	なし	愛知県三河
	1946（昭和21）	昭和南海地震	8.0	1,464	6	南海
	1948（昭和23）	福井地震	7.1	3,769	なし	福井県
	1983（昭和58）	日本海中部地震	7.7	104	10	秋田県能代
平成	1993（平成5）	北海道南西沖地震	7.8	230	10	奥尻沖
	1995（平成7）	阪神淡路大震災	7.3	6,434	なし	大阪、神戸
	2011（平成23）	東日本大震災	9.0	22,215	38.9	三陸宮城福島
	2016（平成28）	熊本地震	7.3	276	なし	熊本地方
令和	2024（令和6）	能登半島地震	7.6	376	あり	能登半島

江戸幕末から日清戦争、日露戦争の前後にかけても大地震が連発した。幕末の嘉永6年、ペリーの黒船が浦賀沖に来航し、開港を要求して幕府を恫喝した。翌年の嘉永7年1月、ペリーが再び来航し、3月に日米和親条約が結ばれたが、その直後の6月に伊賀上野地震（M７・３、死者１５００名）が発生した。続いてその年の暮れ、南海トラフによる安政東海地震（M８・４、死者３０００人）と安政南海地震（M８・４、死者３０００人）が相次いで起きたのである。

これにより幕府は安政と改元したが、翌年の安政2年に安政江戸地震（M７・０、死者７４４４人）が発生し、安政3年には江戸台風が関東地方に大水害をもたらし、10万人以上の死者・行方不明者を出した。この複合災害については、表-1を参照されたい。さらに、安政5年に飛騨、越後の飛越地震（M７・０、死者４２６人）が起きている。加えて飢饉、コレラ、天然痘、麻疹が猛威を振るい、江戸だけでも20万人以上の死者が出たとされる。

このように、黒船来航から安政にかけての大変動期に、巨大災害が連続して発生していることは、注目すべき歴史的事実である。これらの影響により、人々の生活は幕末から維新にかけて、困窮を極めたのである。

日清戦争（明治27年から明治28年）と日露戦争（明治37年から明治38年）の前後も同様なことがいえる。明治24年の濃尾地震（M８・０、死者７２７３人）、明治27年の東京地震（M７・２、死者31人）、同年の庄内地震（M７・０、死者７２６人）、明治28年の霞ケ浦地震（M７・２、死者６人）、明治29年の三陸沖地震（M８・２、死者2万１９５９人）、同年の陸羽地震（M７・２、死者２０９人）、そして明治34年の青森県東方沖地震（M７・４、18人）、明治38年の芸予地震（M８・２、死者11人）、明治42年の姉川地震（M６・８、41人）と地震が相次いで起きている。

第一次世界大戦（大正３年から大正7年）の前後にも頻発した。大正３年の仙北地震（M７・1、死者94人）、桜島地震（M７・１、死者29人）、大正7年の択捉島地震（M８・０、死者24人）、そして、大正12年には、わが国の地震史上で最大の惨事を出した、関東大震災（M７・9、死者10万５３８５人）が起き、翌年の大正13年に、丹沢地震（M７・３、死者19人）、大正14年に北但馬地震（M６・８、死者４２８人）が起きている。

●直近にみる戦争と地震の連動

2023年2月、紛争が続く中東のトルコとシリアで、M7・8の地震が発生し、5万6千人以上の人々が命を落とした。この悲劇は、ロシアのウクライナ侵攻とイスラエル・ハマス間の戦争が続くなかで起きたもので、戦争当事国ではないものの、地震と戦争の連動を感じさせる直近の出来事といえる。続いて9月には、北アフリカのモロッコでM6・8の地震が発生し、3千人以上が亡くなった。そして11月には、アフガニスタンでM6・3の地震が起き、2千人以上の人々が犠牲になっている。これらの地域は、アフリカプレート、ユーラシアプレート、アナトリアプレート、アラビアプレートが交差する地震多発地帯に位置しているが、二つの大きな戦争が続くなか、このような地震が発生したことに世界は驚愕している。これらの地震による死者は、ロシアとウクライナの戦争、そして、イスラエル・ハマス戦争で亡くなった人の数と比べても、その規模の大きさを物語っている。

参考までに、現時点でのロシアによるウクライナの戦争とイスラエル・ハマス戦争による死者数を示しておく。英国放送協会BBCニュース（2024年9月4日）の検証によると、ロシアとウクライナの戦争に関しては、ウクライナでは民間人約3600人が死亡し、国連は民間人約4700人の死亡を確認しているとされるが、実際の死者数はこれよりも多い可能性があるとされる。ウクライナ兵については、ウクライナのゼレンスキー大統領が3万1000人が死亡したと発表している。ロシア兵に関しては、ロシアは自軍の死者数をほとんど公表しておらず、最後の公式発表では1351人が死亡したとしているが、ウクライナは約3万5000人が死亡したと主張している。

イスラエルとハマスの戦争では、2023年10月7日の攻撃でイスラエルの民間人695名（うち子供36人を含む）と外国人71名、治安部隊373名の計1139名が死亡したと報告されている。ガザ地区では少なくとも2万人が殺害されたと報告されており、イスラエル軍の戦死者数は380人に達したと新たに報告されている。

これらの数字は、戦争の悲惨さを物語っており、多くの無辜の命が失われていることを示している。戦争による人的損失は、政治的な数字の問題ではなく、失われた人々とその家族にとっては計り知れない悲しみとなっている。

この地震と戦争の悲劇を目の当たりにして、我々は何を感じるであろうか。地震は地質学的運動による避けがたい天変地異であることは論を待たない。しかし、世界が非難する戦争のさなか、これら周辺の国々で大地震が次々と発生したことに、天意を感じざるを得ないのである。

●啓示から読み解く中国とロシアの脅威

日本は安全保障上の重大な危機に直面している。中国とロシアの軍事的連携は、アジア全体の軍事バランスを大きく揺るがし、深刻な脅威をもたらしている。さらに、北朝鮮の動向も不透明であり、三国が連携して日本やアメリカに対抗する可能性は非常に高い。これらの要因が重なり合うと、日本は大きな危機に立たされることになる。

松木草垣女史は、いまから50年前に、中国とロシアの脅威について次のように啓示している。中国に対しては、《（前略）そうするとね、何かの時ですね、不思議に天候が変わるっていうんです。お空の模様が変わりますからね。ですから中国とかが、日本にし難くしてきても、天候が変わりますから心配するなかれ、と申します。この天の場は、自然を克服する場ですからと、いま改めて申しておきます（後略）》（昭和48年4月24日）。

一方、ロシアに対しては、《（前略）いまのままでは日本はロシアにやられる。ロシアはそういう腹、そういう計画を立てているんです。とんでもございません。でもみんなが「みたま」になれば大丈夫（後略）》（昭和48年9月7日）と啓示された。

続けて、《（前略）ロシアはいまの日本をあきれてしまっている。日本の国は世界で一番の国だ。それなのにいまの日本は恥ずかしい。このままでは、日本の国はロシアにやられる。あと50年したら、ロシアは日本をやっつける計画をしている（後略）》（昭和54年3月28日）と啓示したのである。この中で、女史は「徳田球一の霊が私のみたまに知らせにきた」と明かしている。徳田球一（1894年－1953年）は、戦後の日本共産党の初代書記長である。

まさに、女史が「50年後」と啓示した未来は、いまの時代を指している。ロシアが日本を狙うとすれば、中国による台湾有事と尖閣有事は絶好の好機となる。50年にわたり、ロシアと中国は、虎視眈々とこの時期を準備してきたのである。

北方領土はロシアに占領された後、啓示のあった前年の１９７８年（昭和53年）から軍事基地化が進められ、現在では、国後島、択捉島、色丹島にロシア軍が駐留し、戦車や装甲車、各種火砲、対空ミサイルなどが配備されている。ロシアのウクライナ侵攻の顛末次第で事態は大きく動くことが予想される。台湾有事と尖閣有事が現実となれば、日本は中国とロシアから挟み撃ちされ、深刻な事態に直面する。このとき、巨大地震が連動する可能性がある。これは、歴史が教える重大な警告である。

しかし、日本は天の加勢により、この危機を乗り越える力を秘めている。女史は、我々が本来の日本人に建て替わることで、「天」が加勢して、この危機を乗り越えることができると教えた。それを、「天候が変わるから心配するなかれ」と啓示されたのである。

最近の中国に対する国際情勢は一変し、中国に対する警戒感が強くなっている。中国の経済的危機は、習近平国家主席の立場を不安定なものにしており、共産党内部でも不協和音が絶えない。高官の相次ぐ解任や消息不明が続き、習氏の指導体制に対する疑念が高まっている。だが以前として、中国の台湾侵攻に対する野望は強固であり、中国の経済や内部の不安定さが、台湾に対する軍事行動を早める可能性を高めている。

我々は、日本を守るため、本来の日本人に回帰し、国家と国民が一丸となり、強い意志を持って、この危機に立ち向かわなければならない。日本の長い歴史は、多くの困難を乗り越えてきた民族の強さと、団結の重要性を教えている。

第3章

生きぬく力

● レジリエンス

近年注目を集めている概念のひとつに、「レジリエンス」がある。言葉の意味は、「外部から力を加えられた物質が元に戻る力」を指し、そこから転じて、幅広い分野で使われている。生態学の分野では、回復不可能な状態を回避する生態系の力をレジリエンスとよぶ。ビジネスの世界では、アクシデントに遭遇しても業務を継続できるように、データや資源のバックアップを整備することをレジリエンスという。災害に対しては、そこからしなやかに復興できる力をレジリエンスとよぶ。つまり、生きることすら困難な惨事に遭遇しても、不撓不屈な精神力で生きぬく力をレジリエンスというのである。

レジリエンスの研究に注目が集まっている背景は、戦争や大規模な自然災害による「心的外傷」をこうむる事件に備えて、生き延びることが困難な大きな災禍から、人はいかにして立ち直れるか、「心の耐久力、回復力」を研究することが国家的課題となっているからである。

心的外傷、またはトラウマとは、身の危険を感じるような出来事、具体的には、戦争、自然災害、交通事故、犯罪被害、事業倒産などで、極度のストレスを抱える状態をいう。これらの出来事は、人々の心に深い傷を残し、その影響は長期間にわたって続き、日常生活に支障をきたすことが多い。

●心的外傷後ストレス障害

心的外傷後ストレス障害（以下、ＰＴＳＤ：Post-traumatic stress disorder）は、深刻な心的外傷を経験した後に発生する、日常生活に影響を及ぼす強烈な不快感をいう。人は極度のストレスをかかえると、頭痛、めまい、高血圧、心臓病など身体の不調を生じ、ひどいときには、うつ病、不安障害、統合失調症など精神的疾患を引き起こす可能性がある。

一般的な災害でＰＴＳＤを訴える人の割合は、５％から10％とされているが、東日本大震災で被災した、福島県、宮城県、岩手県での調査では、その割合は50％で、じつに２人に１人と報告されている。（いま伝えたい「千人の声」２０１２、朝日新聞）

また、東日本大震災で被災した宮城県、岩手県の看護師に対して、震災から半年後の心理状態を調査した結果、ＰＴＳＤの疑いがある人が約30％、不安、うつ病の症状がある人が約

70％にのぼることが、筑波大学の松井豊教授（社会心理学）の調査で明らかにされた。つまり、ほとんどの看護師が心理的障害を生じたと報告されている。これについて、松井教授は「看護師自身が被災者にもかかわらず、患者に寄り添わなければならなかった人が多く、心理的負担が大きかったのではないか」と分析している。調査は震災の年の8月～9月に実施され、宮城・岩手両県の沿岸部の医療・福祉施設で働く看護師４０７人からの有効回答をまとめたものである。（産経新聞２０１１年12月28日）

わが国を襲う災害は年々激しさを増し、集中豪雨により各地で甚大な被害を生じている。首都直下地震や南海トラフ地震では、甚大な被害が予想される。生き残った人や避難者の多くが、ＰＴＳＤ状態となり、生きる力や希望も失い、「死にたい」と感じる人が増えることが懸念される。

多くの被災者がこのような状況に陥ると、もはや医学的機関で対応することは困難になる。巷は治療が受けられない人で溢れ、絶望感が漂う状況が生じると、日本は国家の危機を迎えることになる。

●ナショナルレジリエンス

今後起こりえる大規模災害に対する被害を可能な限り小さくするべく、「ナショナルレジリエンス」の必要性が叫ばれている。ナショナルレジリエンスは、国民の生命と財産を守るため、事前防災、減災の考えにもとづき、「強くてしなやかな国」をつくるための国土強靭化をいうが、人的被害の最小化と経済社会の持続可能性を含めて、国家全体の「強靭化」と「すみやかな回復力」を確保することを目的としている。大規模災害はもとより、戦争、テロなどあらゆる国家的災禍に対して、国民の命を守り、国を守るべく一丸となって取り組む。これがナショナルレジリエンスの目指すところである。

そのため、多角的なアプローチが求められる中で、ＰＴＳＤの対策は、医学的治療だけでなく、心の活力を高める取り組みが重要となる。現代の日本人は精神的な価値観が希薄になっているが、我々は本来、「自己を超越する大きな力」を感じ取る能力を持った民族である。したがって、日本人が持つ本来の力を活かせば、レジリエンスの向上は十分に可能と確信している。

● 人を生かす力

生きる力を喪失した人々に、生きる力を与え、生きぬくためにはどうしたらよいか。通常レベルの心的外傷に対しては、医学的治療にもとづく対応が基本となるが、大規模災害時や有事などの非常事態には限界がある。「事ここに至り、万事休す」という場合は、もはや人間の潜在的回復力にすがるしかない。そのためには、心の活力を向上させる「生きる力の根源」を知らなければならない。これを理解して活用することにより、人々は困難な状況を乗り越え、自己の回復力を最大限に引き出すことができる。

第一章で述べたように、医学者で解剖学者である三木成夫氏は、「人のすべての内臓は宇宙につながり、宇宙のリズムが組み込まれている」と述べている。これは、我々の肉体と宇宙との深いつながりを教えたものである。

現代の量子力学では、素粒子が「粒」であると同時に、形のない「波動エネルギー」であることが証明されている。これは、我々の肉体を構成する細胞の基礎となる素粒子が、波動エネルギーとして存在し、そのエネルギーが我々の内臓に「宇宙のリズム」を組み込んでいると理解できる。つまり、我々の肉体を構成する細胞は、物質的な存在だけでなく、波動エネルギーとしての側面を持ち、宇宙のリズムと深くつながっているのである。

また、遺伝子研究で世界的権威者の村上和雄氏は、「魂は人間の中核にあり、人間を超越した偉大な存在とつながっている。そして、魂と遺伝子を結びつけるものは生命である」と教えている。


三木成夫氏と村上和雄氏は、異なる角度から同じ真理を探求したものといえる。両氏の表現をより明確にするため、私は次のように説明を加えたい。

三木成夫氏の「人は宇宙につながり、宇宙のリズムが組み込まれている」とは、人間が宇宙の一部であり、大自然のリズムや法則に従って生きていることを示している。これは、人間が自然界と深く結びついており、そのリズムを理解し、従うことで、自分の可能性を最大限に引き出すことができる、と教えたものと考える。

村上和雄氏の「魂は人間の中核にあり、人間を超越した偉大なるものにつながっている」

とは、人間は物質的な存在を超えて、より高次元の霊的な存在や偉大なる力、すなわち、大自然と大宇宙につながることを教えている。そして、「魂と遺伝子を結びつけるのが生命」とは、人間は「魂」によって生かされている神秘を教えたものである。

しかし、我々は中々そのことが実感できない。実感するためには「魂」が磨かれて能きとならなければならない。それにより、逆境に負けない神秘な力が身の内から湧き上がる。「レジリエンス」の力とはまさにこのことをいうのである。

●大宇宙と人間

大自然、大宇宙と人間の関係を示すと、図－2のように表現できる。この図は、大宇宙の太陽、月、地球をはじめとする、あらゆる星々、人間、生物、植物、鉱物など、大宇宙を構成する万

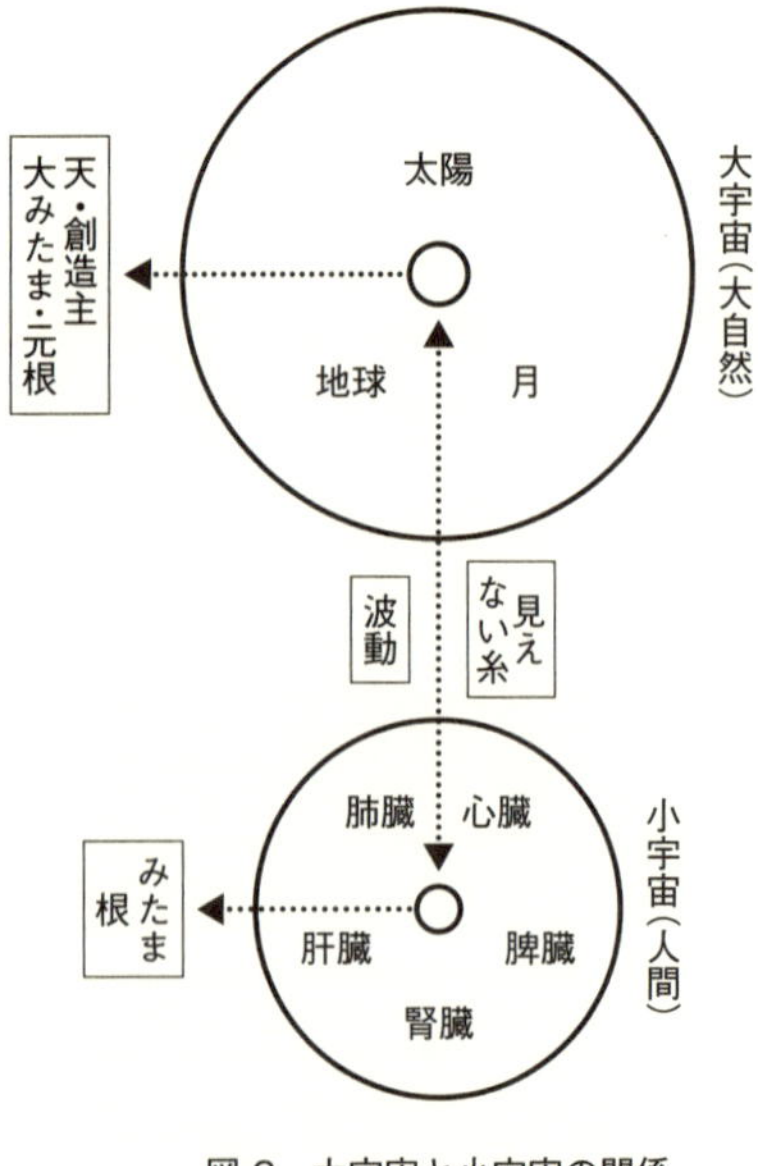

図-2　大宇宙と小宇宙の関係

物は、創造主である「天」によって創造され、小宇宙たる人間の「みたま」は、「天」の分かれとして肉体に宿り、見えない「天の糸」でつながっていることを示している。

この「糸」こそが、大宇宙からの波動と、肉体の「みたま」から発せられる量子的波動にほかならない。身の内の「みたま」は、肉体の「根」に相当するもので、「みたま」の能きによって、遺伝子が活動し、肉体を構成する細胞は生成化育されている。我々は「天」につながる「みたま」によって、生かされて生きているのである。「みたま」が活動すると、「天」の能きを感じ取ることができる。

「天」と「みたま」は絶対と相対、無限と有限の関係にあり、「みたま」が磨きに磨かれた人は、「絶対妙即相対妙」の能きが実現するといわれている。

●小宇宙「人間」の仕組み

小宇宙たる人間の「みたま」は、図－3に示すように、肉体の中心にあって無限力をもつ場、すなわち「無限中心」として機能し、大宇宙の波動を受け取り、送り出すレーダー基地の役割を担っている。「無限中心」とは、人間の内なる力が肉体を超えて、創造主たる「天」とつながる肉体の中心を意味し、臍下丹田に位置する。

肉体の中心にある「みたま」は脊髄から脳幹を経由して、脳髄（頭脳）につながっており、「みたま」が活動すると、その能きは脳に伝達され、脊髄を通して肉体の各器官に行きわたる。

脊髄は脊柱管の中の細長い管の神経細胞の集まりからなり、髄液で満たされている。この神経細胞は、体のさまざまな情報を脳に伝達する機能と、脳からの指令を伝達する機能を併せ持つ。髄液は脊髄と脳を保護し、栄養素を供給し、廃棄物を排除

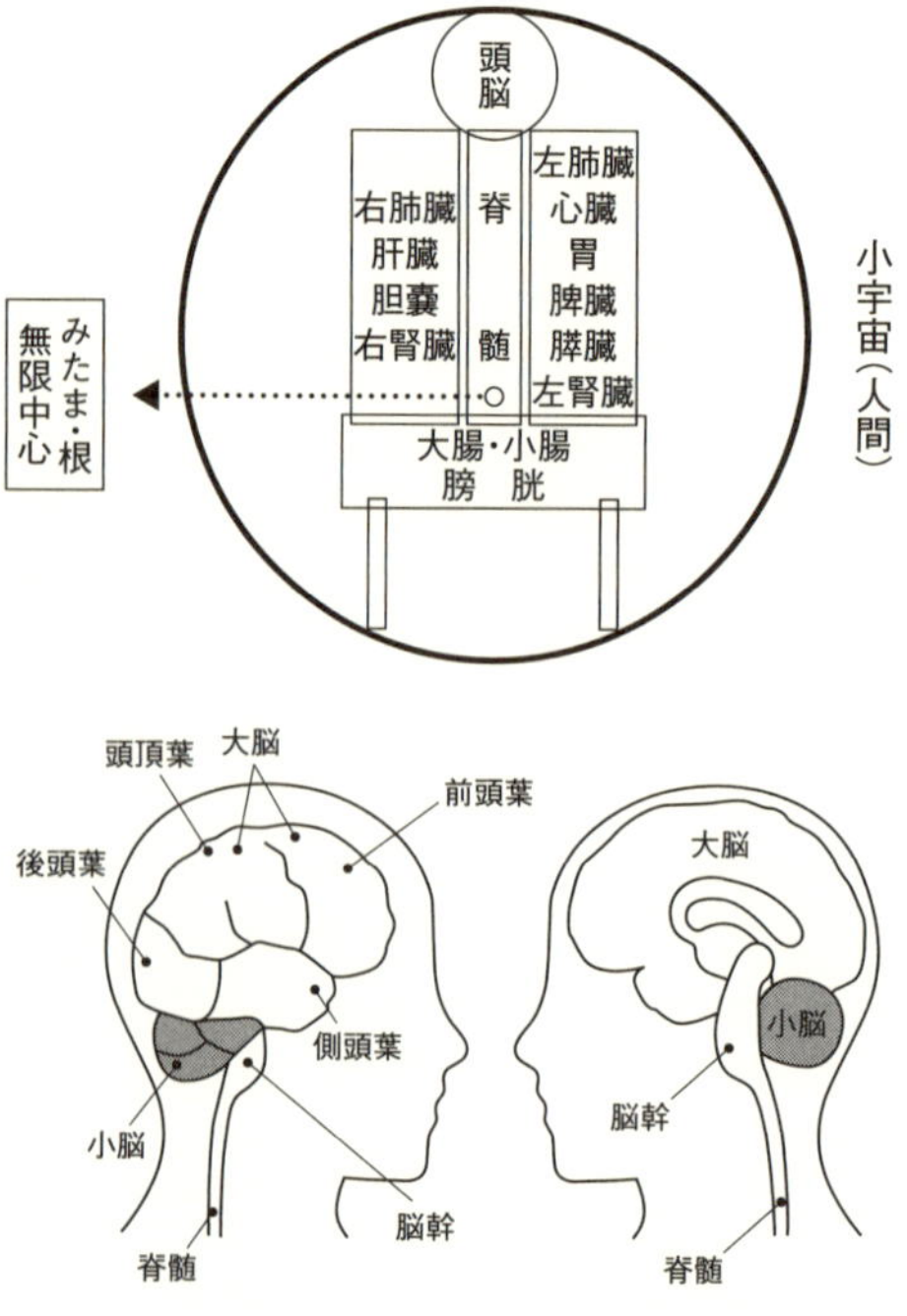

図-3　小宇宙（人間）の仕組み

する機能を有している。「みたま」が磨かれると、髄液が清まることから、脊髄と脳の働きが活性化して、生命力あふれる身体によみがえる。

身体の健康を自動的に制御する自律神経の中枢は脊髄にある。脊髄の両側には交換神経幹が走り、脊髄から出た神経繊維はここから各臓器へ分布している。また、副交感神経は脳神経の抹消部と脊髄の下の仙髄にあって、脊髄を通して全身に広がっている。

「みたま」は脊髄とつながっているので、「みたま」が能くと、自律神経の働きを活性化し、ストレス障害に悩む人は健康を取り戻し、身体の健康も回復する。「みたま」は、生きる力を活性化させる神秘の力である。

●量子力学の神秘性

素粒子は、物質や力の根源となる粒子であり、これ以上分解できない物質の最小単位をいうが、常に現れたり消えたりしており、その存在は不規則で予測することができない。素粒子は物質化されると観測され、波動のままでは観測されない特性を持っている。このことが、素粒子は存在するけれども実体がないといわれるゆえんである。それは素粒子が極小の「粒」であると同時に、形のない「波動エネルギー」であるからである。この二面性を「素粒子の粒子性と波動性」という。

もう一つ、素粒子には「量子もつれ」という現象がある。「量子もつれ」とは、二つの粒子が相互作用を持つと、お互いどんなに遠く離れていても、片方の粒子の状態が変わると、相手の粒子も瞬時に変化する遠隔現象をいう。これは、お互いの距離に関係なく、何億光年離れていようが一瞬でつながり合う世界である。それは、量子が複数の状態を同時に持つ「重ね合わせ」の特性に起因するといわれている。

この二つは量子力学の基本原理であり、人間の理解を超えた不思議な現象を説明する重要なツールとなっている。この「重ね合わせ」の現象を実験的に証明した科学者アラン・アスペ、ジョン・クラウザー、アントン・ツァイリンガーは、その業績により2022年のノーベル物理学賞を受賞した。この現象は、アインシュタインの相対性理論では説明できないものので、高次元時空への端緒を開く新発見といえるのである。

一方、ひも理論（弦理論）では、素粒子を一次元の「ひも」または「弦」としてモデル化し、これらの弦は宇宙空間を通じて振動し、その振動パターンが異なる素粒子を生み出すと考えている。この理論は、相対性理論を量子力学的に扱うことを可能にする理論とされているが、現時点では、これらを統合する「統一理論」はなく、物理学者たちは、これらの理論をさらに発展させて、宇宙の真理を解明しようとしている。

この量子的神秘性を現在の「量子脳理論」では、次のように説明している。

●量子脳理論

量子脳理論では、魂は肉体を離れても存在し、宇宙のしかるべき次元にある意識体と「量子もつれ」状態にあり、意識は別の次元で存在し続けると教える。肉体が死ぬと意識が「量子」として飛び出し、宇宙または高次元につながる。このことは、過去、現在、未来が同時に存在し、先祖と交流する時空があることを教えている。「みたま」が能く人は自分が意識する、しないにかかわらず、「みたま」は絶えず高次元空間の中にいる。宇宙や先祖とつながるとはこのことである。

斎藤忠資教授（広島大学）は、『5次元モデルと超意識体』（「人体科学」14巻1号）のなかで、「（前略）5次元世界は我々の宇宙とは別の世界に存在しているのではなく、重なり合う仕方で共存している。世界は一つであるが、人間には脳と肉体の制約によって、物質界しか知覚できないだけである。（中略）4次元時空連続体では時間は空間化されているので、時間には過去、現在、未来の区別は空間上の区別としては存在するが、5次元の知覚体の目から見ると、過去と現在と未来の出来事がすべて同時に一望できるとことである（後略）」と述べている。

この5次元世界とはパラレルワールドのことである。リサ・ランドール教授（ハーバード大学）は、「目に見えない5次元世界があることは既に分かっており、この地球は時空を超えて、5次元世界とアクセスしている」と教えている。

一般的には、1次元は直線の世界、2次元は平面の世界、3次元は奥行きが追加され立体を形成することができる世界、４次元は時間が加わり時間を変化させることのできる世界と説明されている。５次元は４次元に一つの空間次元が加わったもので、無数の時間軸を持つ時空で、過去、現在、未来が同一次元上に存在する世界ともいわれている。

第４章
松木草垣女史のお示し

●松木草垣女史

天が人をして偉業をなさしめようとするとき、そのすべてを剥奪し、千尋の谷に落とすという。人はどん底の苦難のなかにあっても、天を恨まず、忍従の誠を尽くし、生きぬく決意をしたときに、神秘が出現する。その見本が松木草垣女史である。女史は生来、蒲柳の身なれども、清らかで優しく、温かい心の持ち主であった。そのため、混濁に満ちた世の中は苦労の連続で、生きることさえ困難な人生を送っている。しかし、女史はどんな困難にも、苦を苦としないで逃避することなく、これを因縁と悟り、なってきた一切合切を喜びに切り替え、生きぬいてきた。

松木草垣女史の通られた足跡と、生き地獄の人生を通り切った人品風格は、凛とした中に、優雅な気品を醸し出す松竹梅になぞらえることができる。松は縦横に根を張り、ときには岩をも貫く神が宿る神聖なものとされ、竹は厳しい節ごとに芽生えて丈を伸ばし、旺盛な生命力を現す。梅は暗香浮動、風雪に耐え、闇夜にほのかな麗しい香りを漂わせる。人としての持ち味は、一生食べても食べ飽きない、お米の味にもたとえることができる

昭和27年12月、女史の「みたま」から「国が危ない、国が危ない」と天音が流れ、神秘が現れた。その後も、「みたま」から天の摂理が泉のように湧き出て、天人合一の天人となられた。女史52才のときである。

女史は神秘になられてから98才で昇天されるまで、誠の男を育成すべく、「みたま」の教育を実践されてきた。女史は「人間本来かくあるべし」とする天の意図通りの「ひな形」として、日本人「いかに生きるべきか」を示す理想像として、生涯にわたり無私無欲で身を挺し、世のため、人のために一生を捧げ切ったお方である。

松木草垣女史については『天人まつき・そうえん女史伝記』（あたらしい道）と『いま、日本の危機に問う』（幻冬舎）、『日本人の根源に問う』（日本橋出版）を参照いただきたい。

●行くに行けない時代の到来

松木草垣女史の「みたま」から「国が危ない、国が危ない」と天音が流れた昭和27年は、連合国軍最高司令官総司令部（ＧＨＱ）の占領が解除され、サンフランシスコ講和条約の締結により日本の主権が復活したときである。日本の国民が、日本の再生に向け、一丸となって努力しはじめたとき、女史の「みたま」から、このまま行くと、100年後には「行くに行けない、越すに越せない」時代が来ると警鐘を鳴らしたのである。

それは7年におよぶ占領統治により、日本人改造計画とも揶揄される「ウォー・ギルト・インフォメーション・プログラム」(WGIP)により、日本人に自虐史観の思想が植え付けられ、日本人が日本人でなくなったことへの警告であった。それ以来、日本人は祖国に対する誇りと自信を否定され今日に至っている。

ときを同じくして、昭和の偉人、出光佐三(出光興産創業者)は、『日本人にかえれ』(ダイヤモンド社)の中で、「青年よ、明治精神にかえれ」(昭和34年5月)と題して、日本に対する危機感を、次のように訴えている。

「私は青年によびかける。政治家をあてにするな。教育に迷わされるな、そして、祖先の伝統の魂のささやきを聞き、自らをたよって言論界を引きずれ。この覚悟を持って自らを鍛錬し修養せよ。そして、その目標を明治時代の日本人たることに置け。明治時代は日本にとって最も偉大な力を発揮した時代である。建国以来の日本精神が世界的に爆発した時代である。国民は日本精神を堅持して、外国文化を吸収し咀嚼した時代である。心身を鍛錬し、人格を養成して、人間尊重の基礎を固め、社会国家のために己を忘れて一致団結し、人間の偉大なる力を発揮した時代である。そして、あらゆる場面にこの挙国一致の姿を現わして世界を驚かした時代である。

名もなき東洋の一孤島、漆の国ジャパンはわずか50年にして世界五大国の一つになった時代である。この偉大なる時代を作った偉大なる力は、数千年来の精神文明の力である。敗戦におののき占領政策に呪われた国民は、国をののしり、国をさげすみ快しとした。皇室の尊厳を傷つけ、歴史を否定し、伝統を罵倒し、家族制度を呪うことが流行し、大衆またこれに迎合した。

政治は利己の府と化し、教育の尊厳は失われ、産業界は対立闘争の修羅場となり、文化は野卑と化し、言論界もまた、これに迎合して信念に欠け、国民は国の前途を憂うる陰惨たる世相を呈した。この世相を直視する青年は進むべき道に迷うのである。かくて青年に対する悪口は次から次へと加えられる。私は青年こそ気の毒であると同情に堪えない」。

いまの日本は政治家を含め、国を守る概念はきわめて希薄で、政治よりも政争、国よりも個人が大事、他人のことや将来世代のことを考える余裕はない、国は国民を守る義務はあるが、国民は国に尽くす義務はないとする、間違った思想が蔓延している。これなどは戦後民主主義の負の遺産である。自由、平等、基本的人権を逆手に取るこのような風潮は、日本の国を危なくする元凶である。

このまま行くと、女史が啓示した「行くに行けない、越すに越せない」末世の時代が来てしまう。末世の時代とは、正しい教えが人の心に通ぜず、世の中が大きく乱れ、戦争、天変地異、伝染病などが頻発して、生きることが困難な時代をいう。女史が昇天され20数年が過ぎたいま、日本を取り巻く状況は、女史が啓示した状況そのものになっている。

●全智全能 ―みたまの力―

松木草垣女史は「みたま」の持つ全智全能について、次のように啓示している。

《（前略） 神の全智は人間に　いまはおよそ与え尽くした

これからは　神は全能を人間にさずける　全能とは　人間の根の能きをいう
根の能きがものすごい　その根が人間の腹の奥にある
元根の太い根っこが臍の座にある
人間はもうこれからは　四方八方の神を拝まなくていい
夜寝る前に自分のみたまを拝む　そうすると
みたまがいつか能きだす　それで天の根っこにつながる
根っこにつながったら　大したもんじゃ
神の能きが　自分の腹から湧いてでる　それを神人合一という
もともと神は親　人間は神の子じゃ　これが神ながら
日本の道である（後略）》（昭和35年5月15日）

「神の全智は人間に、いまはおよそ与えつくした」とは、人間はすでに高度な科学文明を築き、豊かな物質文明を完成させた。これ以上の科学技術の発展は、人類の思いが建て替わらない限り、世界を滅亡に追いやるもので必要がないと教えている。いまの世の中を見ると、その通りであると読者も感じることであろう。

全能とは「みたま」が能き、活動する状態をいう。「元根の太い根っこが臍の座にある」とは、「みたま」が人間の根として、臍の内裏に存在する神秘を教えている。「みたま」が能くためには、「みたま」の存在を信じて、自分の建て替えに努力することである。これができれば、やがて「みたま」が能き活動するようになる。その具体的な建て替えを次に述べることにする。

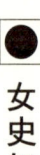

●女史による仕込み —人づくり、国づくり—

23才のとき、松木草垣女史から初めての「仕込み」をいただいた。仕込みについて理解を深めてもらうため、第1回から第5回の仕込みを全文にわたり掲載する。初期の仕込みであることから、「みたま」の存在と神秘な能き、人間本来かくあるべしとする、生き方の根本を丁寧に教示しており、読者にとって参考になる内容である。

全部で70回を超える仕込みをいただいたが、回数を重ねるごとに、「みたま」の本来性と、

「みたま」磨きの重要性を深く掘り下げる内容に深化していった。仕込みは、現代科学の知識では到底理解できないほど神秘なものであり、その深遠さに驚くばかりであった。仕込まれたことを実行していくと、次第に「みたま」が磨かれ、運命が開かれていく自分を自覚できるようになった。国の運命も同じで、日本人が「みたま」の存在に目覚め、国を守る決意がなったとき、天意が発動して国が救われるのである。

(1) 仕込み

◇第１回《さあ　おまえさん　段々と　いただいたらしい　それなら　おまえ
今日は　いいことを　教えてやる　これを　喜んで　自分の胸に　しまっておくんえ
おまえさんが　大人さんになったら　きっと分かる　さあ　サア　サア　サア
おまえさん　いまからいうで　オイ　オイ　オイ　お〜い　お〜い
呼んでいる　おまえのみたまやで　おまえのみたまをよんだ
そっちの方が　目をパチクリ　一生懸命じゃ　だからいうで
おまえ　おまえ　この道は　能　能　こう申しました

能とは何だろう　この意味は　手が動いたり　足が動いたり　そーら
手足が　ごっそ　ごっそ　動くよってに　仕事ができる　それと一緒やで
能　能　能きなんじゃ
これ　分かっておきや　おまえさん　能くわな　何か知らん
自分の身の内が　ごっそり　ごっそり　いずれ能く
それを　能というんえ
さあ　おまえさん　いずれ能くだろう　おまえのみたまが　いずれ能く
みたまが能いてくれる　それは　しめたものじゃ
危ないところには　行かないように　みたまがするんじゃ　おかしいな
滑り落ちても　痛くはない　そういう風に　みたまが抱くんじゃ
それを能という
おまえさん　これを覚えておきや　してみると
おまえさんを通して　みんなに　オイ　オイ　オイ　おーい　おーい
おまえさんら　おまえさんら　そうじゃ　そうじゃ

そこを　そこを　そういうことだから　能　能　それで分かった
あたらしい道　あらまー　なー　なー
我々のみたまを　抱いてくれる　大自然が抱いてくれる
だから　能じゃー　自然は親じゃ
親でも二通り　大自然は　親じゃな　おまえにいった
これを知って　どうです　読めた　読めた　ほーら
これだけで　おまえさんのみたまは　でんぐり返っている
喜んでいる　おーおー　おー喜びやで》（昭和44年4月9日）

◇第2回《おまえさん　こういう所にきて　いろんなことを教わるだろう
おまえさん　この肉体は　天からの　まわしであった　それ分かっているな
おまえさん　丈夫な　肉体を　天からまわされている
だから　おまえさん　ソラ　ソラ　喜んで　毎日を過ごす　いいな　それならいうで
おまえさんは　サーサー　この道は　20才そこそこの人を

20才ぐらいの人を　天は　やや子という
おまえにいっておく　おまえ　やや子じゃなー
でもな　それは　表向きを　やや子にしておく
中身は　おまえ　おまえ　いまからいうで　大したもんじゃ
おまえさん　天の理　この道が　次から次　厳しいわな　厳しくいう
その訳がある　おまえさんよ　こういう道があるから
ホラ　ホラ　人というものが　正しい道を詮議する　分りましたな
こういう道がなかったら　理というものは　でたらめになる　それ分かった
そこで　おまえさん　天の理
どうや　肉体は　天からの　賜りものじゃ　それ　おまえにいった
この道のお人　男も女も　あらマー　日々　日にち　天に　天に　お礼をいう
その気持ち　お分かりですね　そこでいう　ホラヤイ
おまえさん　頭というものは　これはな　背筋から　すべて　通じるんえ
どうです　みたまは　これをな　かいこ　かいこ　送るんえ　蚕さんが

糸を出すように　背筋に対して　あれこれ　あれこれ　送っているんえ
頭は　背筋を通して　それからじゃ　それ脳髄じゃ　おまえにいった
だから　おまえ　あたらしい道によって　おまえの頭は　切り替わったんじゃ
おまえ　みたまを　洗い清めて　筋が立って　ありがたいだろう　それでよか
そのおまえさんに　日本という国は　いまの自分は
親から生まれたんじゃ　それを知っておけ　それが分かった
おまえさん　お父さんと　お母さんと　その二人で　自分が生まれた
でもな　お父さんが　その陰で　あれこれ　あれこれ
やってくれているから　自分というものが　生れましたんです
お父さんと　お母さん　そういうけれど　お父さんがいなかったら
お母さんからは　自分　生れないで　それを知っておけ　だからいう
お父さんが　本当に　本当に　絶対です
この道の理は　お父さんです　これをいっておく
おまえさん　いまからいうで

この道によって　お父さんを　崇め奉る　これを覚えておきや
親を大事にする　お父さんは　特に崇める
それを忘れると　自分というもの　あってなしやで
これ分かったな　おまえさんよ　この道によって　親への孝行　それを知った
親があって　自分じゃわな　お父さんがあって　自分が生まれた
お父さんには　大恩がある　こういうことを　いつも　いつも　頭に入れておけ
この道は　根本が親　親　親　根本が親です　おまえさんにいった
道の親　理の親　肉体の親　おまえさん　よう　受け取りや
これだけを　おまえさんが　いただくことによって
自分の先行きは　安全です　安心です　ありがたいです　ご立派です
みたまが見ている　知っている　サー　もういいです
いまからは　自分のこと　おまえさんは　自分というものを
まだ学問に励むんだろ　それでよか
学問とは別に　みたまを教えた　サー　それが　この道

はい　はい　結構でした》（昭和44年４月25日）

◇第３回《さー　おまえさん　また戻ったな　どうです
おまえの気持ち　めんこいな　めんこいだろう　お分かりですね
人間はな　いつも　いつも　いつもかも　自分というものを　追い廻すんえ
おまえ　分かった　自分を追うんじゃ　自分を追え
もうこれで　日々が　愉快　その通り　そうだ　そうだ　それでよか
おまえ　日々が　愉快　愉快そのもの　そうなるだろう
そしたらな　おまえさんよ　いい風が吹くんだ　お分かりですね
つまらんことは　忘れてしまうんじゃ　いいことばっかし　思い出すんじゃ
そしたら　おまえ　嬉しいだろう　その思いを　天が受け取るで
おまえさんよ　めんこい気持ちで　この道に戻りおる
それで　おまえさん　春だ　春だ　春の花盛りやで　そう思いましょ
おまえさん　ありがたいでしょ　そのありがたい自分がな

いずれはな　ものすごいで　これをいっておく　サーサーサー
いい子になって　ホラホラ　お他人さんに
おまえさんよ　何か知らん　いい気持ちを　触れましょう
われの気持ちを　お他人さんに　どないにかして　触れましょうえ
それが　おまえさんの行　そうじゃ　そうじゃ
さあ　そうじゃ　お分かりですね　ハイ　結構でした》
（昭和44年5月20日）

◇第4回《おまえさん　どうどう　どうです　この道　どうや
もう分かっちゃったな　おまえ　いい子じゃ　ぼんぼんじゃな
でも　ぼんぼんとはいえん　大人さん以上じゃ
それが　おまえさん　どうですか
おまえさん　横道は　好かなんだ　この道は　真っすぐじゃ
この道は　ありがたい　そう思った　おまえ　立派じゃ

この道だけじゃ　そう思った　本当に　本当じゃ
男の　男じゃ　こう申すんえ　もう　分っちゃった
そんなら　まだ　おまえさん　まだ　若いだろう　まだ　まだ　まだ
子供の分じゃ　でも　おまえ　腹の作り具合は　結構じゃろえ
それが本当　迷わない　間違わない　しっかりする
それで　いいんじゃ　迷わないだろう　おまえさん　フト浮かぶ
浮かぶ通りが　ヤレヤレヤレ　もういいな
そういう塩梅じゃ　それが　本当やで　あれに迷う　これに迷う
くだらん奴らが　世の中には　そこら中　おまえ　もう分かったな
この道によって　筋が間違わない　立派な　立派な　男になろうえ
よしよしよし　読みきりです　読みきりです　よし分かった
また　お戻りや》（昭和44年9月18日）

◇第5回《サー　おまえさん　サーサーサーサー

おまえさんです　おまえさんよ　よってきたな　よりまわすわな
よって　よって　よられちょるな　そのみたまが
おまえ　分かったろう　ギュー　ギュー　ギュー　ギュー　せついだろう
自分のみたまが　その通り　オイ　オイ　オイ　オイ　ドン　ドン
もう分かったな　おまえさん　音ですわな　音というんです
言葉の前は　音じゃえ　おまえさんにいっておく
言葉になる前は　音　これで御座います
おまえ　知ってや　だから　自分は　身が引き締まる
おまえさんは　純真そのものだから　おまえ　できおうな
これだけで　自分として　赤ん坊のとき　お袋さんから　おっぱいを貰った
それを　思い出すな　それが　理やで
お袋さんはな　おっぱいだけやで　おっぱいをよこすんえ　でもそれはな
お袋さんの奥に　お父さんがおるで　それを　知っておけ

お袋さんが　おっぱいをくれる　それが嬉しい
その裏には　お父さんがおる　お父さんなしには　おっぱいになれんのえ
サー　分かった　オイ　ドン
だから　この道は　そこを　そこを　そこを　突くだろう
そこを突かなきゃ　人は　駄目やで
おまえにいった　おまえは　上皮だけは　納得したけれど
その底を　知りたかったんえ　その底は　見えんはな　見えんところ
そこが　父じゃ　父は　父でも　お父さんの理じゃ
お父さんの理はな　厳しくて　人は嫌うんえ　人は嫌うけれども
おまえは好くだろう　ホラホラ　ホラホラ
厳しい中から　この道がある　それを知りましょう
サー　どうや　おまえさん　甘いお人は　この道を嫌う　厳しいという
ところが　ところが　甘い　お人は　助からんのえ
おまえ　分かった　おまえ　徳やで

おまえのお陰で　今晩は　大勢のお方がな　おっぱいよりも
その陰が　大したもん　それを教わっちゃった　みんな知っちゃったんえ
日本という国は　お父さんと　お母さんと　ナー　ナー　マー　マー
相い合いで　抱きおおて　果し合いじゃ　そういう国　おまえにいった
喜んで　その徳を　しまっておきや　いずれ分かる　ハイ　結構でございました》
（昭和44年12月23日）

(2)星となった先祖が嵌まる

次は、50才を超えた社会的地位の高い人の仕込みです。この仕込みは「みたま」の徳を大変分かり易く教えており、現状に甘んじることなく、世のため人のために尽くして、さらに徳を積めと教えています。

◇《（前略）　あなたの背筋にです　背筋のあたりに　沢山の先祖さんが
とうとうです　いいですか　ああいうお人　こういうお人が

この道によって　天上に昇って　いまは神様　そうして
あたらしい道を抱いてくれている　あなたは　そういうお方の星です
おまえさん　星ですわな　星となって天上で　その者達が
背筋にはまってしまっているんです　本当にありがたいお方です
おまえさんを　その者達が　おまえを格好づけようとしている
おまえさんは　知らない間に神秘をいただいて　自分で自分を守り育てる
ありがたいお人になりました　だけど偉いとは違うんです
お徳です　大したお徳なんです　偉いと思ったらいけないんです
おかげはあなたの身の内に　おわしますといいます
神さんからおかげを貰うんではない　おかげはご自分の　みたまから出るんです
要するに　自分自身だということに　ようやく分かりましたね
とうとう本物になりました　みたまが活躍し出したんです
活動ではなく活躍し出したんです
実はあなたには観音様みたいな　そういう　ありがたいお人が

お腹にいらっしゃいます　観音様みたいな　本当にありがたいお人がいらっしゃいます
だからあなたは愛なんだ　愛そのものだといっておきます
これがあなたの　みたまさんでいらっしゃいます
それならあなた泰平楽だと思って　安心してじっとしていてはいけないんです
これからあなたが為すべきことを全うなされば　すべていい具合になっていきます
ああなる　こうなる　すべてうまくいくことは　請け合いなんですからね
でもすべてが泰平楽となって　安心立命でおさまりかえって
神様のようになってしまったら　とんでもないと　みたまからいわれます
これからも世のため人のために尽くして　さらに徳を積むんですよ　（後略）》
（昭和46年6月2日）

(3) 打出の小槌

先祖さんからいただくお徳を「打出の小槌」として教えたお示しがある。

◇《（前略）　ご自分のお腹に微妙なるものが　さあ分かった
それを分かるお方　分からないお方　皆さん　自分たちの先祖さんは天上です
その先祖さんが　必ずご自分のお腹に　嵌まっています
二人三人は余分　一人は必ず　はまるんです
そうだ　そうだ　この道のお方　これが　これが　奇跡です　さあ分かった
ご一統さん　打ち出の小槌は　ご先祖さんが　天上で　我々に　くれますわな
そういう順序　この道だけが　得もいえん　徳の徳です
この道は理の道　どうやら　これからが　どんどん法になります
これから　神秘の理が湧くでしょう（後略）》（昭和50年12月26日）

人は幸福な人生を送りたいと願えば、「みたま」を磨いて、「みたま」が活動するようになることである。それにより、先祖の徳を享受することができると教えられた。

●救いの理

なぜいまのような時代になったのか、それを女史は「天の理に反する醜い欲望―権力欲、名誉欲、財欲、物欲などの根の深い宿業に振り回されている人類の必然の姿である」と教えた。天はやがて、大きな危機がくることを警告し、いかにしたら我々が救われるかを次のように啓示されている。

◇天と地がもめる

《(前略) 天と地が　いずれいずれ　もめますわな　天と地がいずれもめる
そういう頃がある　だから　みんなこの道のお方は　常日頃　自分に厳しく
それでいいんです　ところが浮世のお方は何にも知らない
だから　後手　後手　ごてつく　そうすると　死ぬよりほかに方法がない
だから　精神的に修養の必要がある　それを　みんなに教えるんえ
日本という国は　いまに天地がもめて

何かの形で　住まっている我々に　苦をみせるんです
ですから　浮世に対して　思い方を知らしてやる
この時代　この国に生まれた自分たち　過去を振り返る
そして精神修養　これを教えてや
国だ　国だ　国が危ない　それに気がつくはずだ　（後略）》
（昭和48年1月11日）

◇**救いの理（よろこびの理）**

《（前略）救いの理　これを　いまからいいます
人というものは　からだが頑丈で　何にも病みわずらいは無くても
今日この頃　たとえば　つまらんことがたまにある
ああいうことを　見たときから　聞いたときに　いまの自分を喜ぶんじゃ
これいかが　その喜び方にも色々ある
自分はありがたい　自分には理がある　理というものが腹に座っていてくれる

だから結構　だから結構な自分になるに違いない　そういうことでございましょう
そんなら　どんなことでも　すべてを　自分のいまの修行として
たとえ　泣かにゃならん　つらいようなことでも　これで結構なんじゃ
これでこそ　自分がありがたいんだな　そう思う　そう思っておれ
そしたら　いずれは　わが身のうちは　いい格好どうりに　してくれる。
救われるに相違ないんじゃ　だから　いまを　その身そのままで喜ぶ
喜んで　喜んで　喜びぬくんじゃ　（後略）》
（昭和41年8月18日）

◇救いの理（おかげは身の内）

《（前略）おかげさんは　自分の身の内です　それを知って欲しい
他からの　おかげさんは　これは　とんでもないんえ
危ないんですよ　自分の身の内に　自分が好かれる
それが　それが　得もいえんのえ　こういう風に申します

その中に　みたまさんが　あらまあ　ころ　ころ　ころげているんえ
それをな　救いの理という　建て替えですよ　建て替えましょう
自分自身を　どうやあ　みたまさんよ　みたまさんよ
みたまそのものに　なりたいな　これが理です（後略）》
（昭和49年３月２日）

◇救いの理（みたまさんになる）

《（前略）そうしたらね　この道だけが喜べて　浮世の人は　喜びがなくなって
どうにもならないから　死にたい　死にたい　死にたい人が　増えるんですよ
そうすると　お互いさん同士　日本人は　そうだそうだ
同胞なんだ　そこで　そこで　日頃々々に　おまえさんたちが　これからです
どうしても　この道を分かってもらって　要するに　おまえさんたちが
みたまさんになる　そういう人を　浮世のお方が　どんどん　どんどん
いただきに　いただく　そうでないと　日本人は　もうこれからが　苦の苦ですよ

おまえさんたち　沢山の人が死んだら　とんでもないわな
お互いさんが　生きて　生きて　生きおおすのが　本当です（後略）》
（昭和57年5月7日）

「天地がもめる」とは、自然界や社会の大きな動揺や変動を意味し、避けがたい天変地異や、戦争、テロという醜い争いを含む不可避の警告を指している。そのとき、我々を助けるのは、自己の身の内に存在する「みたま」である。日本人の多くが「みたま」の存在に目覚め、「みたま」が活動するようになることが、日本の国と世界を救う究極のレジリエンスとなる。

第5章

臍は神の座である

―無限力をもつ統一の場―

●神は肉体を宮として宿る

私は若い頃に一年間ほど、ある牧師さんについて毎週バイブルの講義を受けたことがある。それから四十余年ほとんどことさらに聖書をひもとくことはなかった。

ところが先日フト、古びた聖書を取り出し、読むとはなしにページをめくっていたら、「太初《はじめ》に言葉あり、言葉は神とともにあり」の一節に心をひかれて、「ヨハネ伝福音書」各章を通読したのである。なかでも第一章と第二章は、いまの立場にある自分にとっては千万人の味方を得た喜びであった。

私が臍の神秘的機能および「言霊《ことだま》の幸《さち》」について語るとき、誰でも知っている前記の「言葉は神なり」の一句を持ち出すのである。

（注）臍（ヘソ）とは霊性「みたま」のこと

ヨハネ伝第一章の十四

「言葉は肉体となりて我らの中に宿りたまへり、我らその栄光を見たり、実に父のひとり子の栄光にして恵みと真理に満てり」を読み、二千年前すでに臍の神秘を指摘している偉大さにいまさらながら驚嘆するほかなかった。これこそ、宇宙時代文明の転機における「人間未知なるもの」を開拓する最大の課題であろう。

●無限力をもつ統一の場

遠い二十才前後の青年時代に読んだ聖書であり、キリスト教者でない自分は前掲の聖句などはつとに忘れていた。また牧師さんが「ヨハネ伝」を、その頃どのように講義したのか少しも記憶してはいない。驚くべし、世紀前すでに言葉（神）は人間身の内に宿っていることを宣言している。しかも、二千年後の現在、天人女史の指向する臍なる神の座について「父のひとり子の栄光にして恵みと真理に満てり」と、我々人間が神に直結し得る「無限力をもつ統一真理の場」を指摘しているのは、まさに臍が神の座であることを証しするものである。

ここに私が思い出されるのは、一九六二年（昭和三十七年）十月ホテル大倉に投宿していたときのことである。当時、一か月ほど前にアメリカから来日された人類学の世界的権威者である、哲学博士ジナ・サーミナラ女史とかねて連絡ができていたので、案内者インフォメーション社長浜崎政一氏と通訳十菱麟氏と同行で、サーミナラ女史は私をホテルに尋ねてこられたのである。ここ東京ホテルの一室で一時間三十分にわたって哲学者山田悦人氏を交えて親しく語りあったのである。

この会談の中で私は腹脳（太陽叢）について語り、「人間身の内、腹部の臍の奥の院は新陳代謝のない（真空妙有）絶対の場である。この妙所は聖書のはじめに言葉ありそのものズバリで有限者人間が無限者神につながる、無限力をもつ統一真理の場であることを説明し、あわせて天人女史の在り方に関し、彼の世界的に有名な近世の優れた霊能者エドガー・ケーシーの数々の奇跡は、外界から神霊が憑依してトランス（無意識）に陥り、はじめて霊力を現し得たもののようであるが、天人女史はそれとは異なり、普通人とは少しも変わることのない覚醒状態のもとに、いつどこでもケーシーを凌駕するほどの高い霊力が発揮される。

このことは、人間を超越した精神状態ではなく、人間として完成を遂げた叡智の現れであり、自己の内部、すなわち彼女の磨き開かれた（真空妙有の場）臍の無限力にもとづくものである。キリストも釈迦もまた然り、ただこの両聖者は天人女史のように臍の神秘的機能に基づくことはまったく知覚されていなかったけれど、過去の聖者また偉人たちは、いずれも臍の働きが高度に顕現した叡智者である」と語ったのである。

この話をいちいち頷いて静かに聞いていたサーミナラ女史は、「ワンダフル」を連呼し、直ちに私の話を素直に承認されたのである。

（注）サーミナラ女史はクリスチャンであり、エドガー・ケーシーの研究者として有名である。またインド哲学を学び、輪廻転生説を承認し、「古事記」にもとづく「惟神顕幽一如」の哲学に深い興味をお持ちである。その著日本版「窓はひらかれる」（インフォメーション社出版）を読んでいた私は、言語学者であり、心理学者であるサーミナラ女史の在り方はよく承知していた。

（注）惟神顕幽一如とは、我々が住んでいる見える世界（顕界）と、御霊の世界で見えない世界（幽界・霊界）が一体のものであり、見えない世界こそが、この現実の世界の根源である世界観のこと。

話は変わるが、日本の有名な哲学者、宗教学者、神霊科学研究家や、その他一流の指導者の数々に接した機会に、私は「神の観念と人間概念を是正すべき天のときがやって来たことを述べ、肉体を宮とする臍の奥の院に一元の神と同根の種子が宿っている。この神の種子である父のひとり子を育てあげることが、今日以降人生最大の要諦であること。いままでのように神を外に求めてはならない。神の威力は相対的に現れるもので、自分を掘って、掘って掘り下げきったら、そこ（底）から神の無限力が湧いて出てくる。このことが本当に分かって自分の臍を拝めるようになったら、人は誰でも救われ、やがて地上に神の御心を成就することができるのである」と、率直単的に語ったことがある。

さて、右の注で述べたように、私は多くの有識者に訴えるのであるが、この大家諸先生方の概ねが分かっても分からない振りをして、真に臍の重要性について研究しようとしないのは、誠に淋しいことである。サーミナラ女史のような外国の学者にくらべて日本の学者や指導者たちは、甚だ狭量で自己の殻からぬけ出そうとはしない。古い革嚢《かわみの》に新しい水を汲むことは難事だと気づいた私は、この頃ではお偉さん方は後に廻して、起こしやすい素直な石から漸次起こしてゆくことにしている。

● 叡智者の出現

サーミナラ女史は、私と会見した翌日、生長の家で「人間は生まれ変わる」の題下で、輪廻転生の講演をされたのである。その翌日、空路帰米の途についたサーミナラ女史は離日に際し、羽田空港に見送ったインフォメーション浜崎社長に向かい、「松木さんとの会見は大変裨益するところがあった。天人女史こそは数千年に現れる一人の天啓者であり、世紀の聖者である」と、賛嘆の言葉を贈られたことを浜崎氏から伝達を受けたのである。

これほどまでに分かりに分かったサーミナラ女史は普通の智慧だけの学者ではない。すでに臍の無限力によって導かれている自己完成者と思われる。それにしてもホテル大倉で会談の際、私の説明を補足して下された、哲学者山田悦人氏の助言の裏付けによるところが多い。その山田氏は天人女史に関しサーミナラ女史に向かい、次のように語ったのである。

「いま松木さんが述べられたように、《あたらしい道》の場の天人女史が、臍の本質的な役割とその霊性の意義について指向するものは、歴史上画期的な出来事である。さらに、統一真理という人間の認識の最高次元に属する問題が、日本民族の一員である天人女史によって提起されたということは、けっして偶然の現象ではなくして、これは、日本民族の天与の資質と使命に結びついた必然の結果である。いいかえれば、日本民族の独自の霊統がその背景となっている。天人女史の霊性の臍は、きわめて高度に開かれ磨き切られていて、神通自在の霊性本来の無限の力を発揮している。たとえば、個人の過去、現在、未来を見通すとか、時間と空間を超えて見抜くとか、一般に神秘とか奇跡とかいわれるものの実証が示されているのである」。

●神の威力は相対的に現れる

「鐘が鳴るのか撞木《しゅもく》が鳴るか鐘と撞木の合が鳴る」この言葉は、日本民族霊性の持味、その叡智にもとづく素晴らしい言葉であり、一言で神と人とつながる神秘を語っている。神は天にただ一つの大梵鐘《だいぼんしょう》で無限力を包摂している。イエスはこれを「天の父よ」と仰いだのである。この父の栄光と真理は、これを享ける相手がなくては威力を現すことはできない相対的な存在である。このことを哲学者は「絶対妙即相対妙」というている。

たとえば、どんなに立派な梵鐘でも、鐘堂につり放しであっては妙音は響かない。大梵鐘なれば、それにふさわしい立派な撞木《しゅもく》を構えて、正しく力強く撞《つ》くことによって相応した音色が響きわたるのである。鐘は同じでも、またその撞きかたの上手下手で音色が異なる。最高の音色を出すためには撞く人間の臍いかんによるものだと分かったら大したものである。

「田毎の月」とは、月は天に一つであるが、田毎が整備されて満々と水がたたえられている立派な田毎には、澄み切った秋の名月が美しく映し出される。天の父なる神は、人間の腹田いわゆる霊性ミヘソが磨き開かれていさえすれば、願わないでも祈らないでも神は来たりて、はたらき給うのである。

ヨハネ伝—第二章十三—二十一に…

「イエス、エルサレムに上り給ふ。宮の内に牛・羊・鳩を売るもの、両替する者の座するを見て」、「これらの物を此処より取り去れ、わが父の家を商売の家となすな」、「ここにユダヤ人答えてイエスにいう。なんじこれ等のことをなすからには、我らに何の徴《しるし》を示すか」、「答えていい給う。なんじら此の宮をこぼて、われ三日の間に之を起こさん。ユダヤ人いう、この宮を建つるには四十六年を経たり、なんじ三日のうちに之を起こすか。これは、イエス己が体の宮をさしていい給えるなり」。

まことに興味深いイエスとユダヤ人の問答である。眼に見えるもの、手に取ることができる肉の（形而下的）世界だけしか認め得ない愚かなユダヤ人を哀れみ、彼らの蒙を開こうとしたものであり、わが父の家とは、霊性ミヘソ、すなわち言葉の宿る肉体人間を指したものである。宮を建てるとは、霊性ミヘソを磨き開き、霊肉一如の立派な人間を型成することである。このイエスとユダヤ人の問答は、まさしく現代科学文明の行き過ぎを予言し警告し、かつ真の人づくりを指向するものと受け取るべきであろう。

神と遠く離れた現代人は、自分の身の内に霊なる神の宿ることを知らず、天に背いて突っ走っている。ゆえにその愛児である原子核をして、ついに悪魔の武器と化せしめて人類自ら亡び去ろうとする危険な土壇場に直面したのである。この天のとき、イエスならぬ天人女史をこの国に成らせ給いて天意現成のあたらしい道を拓かしめんとするものである。

● 宗教の無力化と矛盾

有名な思想家で「観音経」の信奉者であるH氏は、キリスト教の反時代性を痛烈に非難している。そのいうところは一応頷かれる問題であるが、二千年前の遠い時代におけるイエスは、その時代の最高意識者として必然的な言動を起こしたのである。以来、十数世紀間にわたり、その聖書は人類を導く光となった。

こうした事実を理解することなく、単に聖書の一節を取り上げて論難することは賢明ではない。それよりも大切なことは、たとえば「ヨハネ伝」の如く、古今を貫き東西に通ずるイエスの言動を正しく把握し、これを近代的に理解し、解明して新しく甦らしめることでなくてはならないのだと思う。

しかるにキリスト教を非難するH氏は、観世音菩薩を信奉し、その「念彼観音力」の奇跡を恭仰するなど一種の行者化した感がある。このことは、キリスト教者をしていわせたら、H

氏自らが論難されるべきであろう。これと同じようにキリスト教者は仏教その他神道などを批判し得る、また仏教者はキリスト教その他神道などを批判し得るのである。

神は元一つであるという世人の見解は正しい。神、仏、キリストその他存在の宗教は教会宗教、殿堂宗教あるいは、儀礼宗教の形骸に堕落して、しかも「唯我独尊」的な神仏を祀って譲らずきわめて排他的である。彼の日蓮の「南無妙法蓮華経」を御本尊とする、二大新興宗教の創価学会と立正佼成会は互いに論争の火花を散らして激しい対立を続けている。

神は同根であり、万教帰一すべきものであることは、万人がひとしく考えられる問題であるとともに、その実現が久しく待望されていたのであるが、神・仏・キリストその他すべての宗派宗教の在り方は、二千年来この方少しの進歩もなく、現状維持にすぎないために相対的に退歩してその影は薄く、宇宙時代文明の転機が叫ばれる今日において甚しい自己矛盾に陥っている。

●宗教、民族を超える天の道

いま世界を目指して展開する、MRA（道義再武装）運動は、ブックマン博士の創起にかかるものであるが、キリスト教者の博士は聖書を身につけて教会宗教キリストから離脱し、その真理を現代に新しく打ち出したものである。曰く、「世界は神に導かれる人々によって導かれなければならない。全世界を神の支配にゆだねようではないか」と世界に呼びかけている。

（注）MRA（Moral Re-Armament）道徳再武装運動。第一次大戦後、米国の宗教家ブックマンが提唱し、オックスフォード・グループ運動に始まる平和運動。キリスト教の精神を基調に、宗教、人種、国籍、階級の別なく、精神的道義の再建を通じて人類の和合を説く。

この大構想はすでに述べたところの「ヨハネ伝」第二章「わが父の家を商売の家となすな」と、迷蒙ユダヤの民衆に向かって叫んだエルサレムのイエスの言動が彷彿と眼に浮かぶのでである。聖書ならずとも釈迦の教学、万巻の仏典の中には、現代を指向するに足る仏陀の言動が記録されている。また日本最古の文献である「古事記」に盛られているものは、八百万の神々の名に象徴仮託して、巧みな演繹法を用いて天地の秘闢《ひびゃく》を解明するものである。

たとえば、「天地《あめつち》の初発《はじめ》のとき、高天原に成りませる神の名は、天之御中主神《あめのみなかぬしのかみ》、次に高御産巣日神《たかみむすびのかみ》、次に神御産巣日神《かみむすびのかみ》。この三柱の神は並独神《みなひとりかみ》成りまして、身を隠したまひき…」と、冒頭に記されている如く、天地初発の条《くだり》においては、永遠の神秘として存在する、絶対不可知とされている最高次元の場から成ってくる、神と人間の元始《もとはじ》めを物語るものであり、聖書の「太初《はじめ》に言葉あり、言葉は神とともにあり」と同異語である。

また仏教における「聖観世音菩薩」とは「言葉は肉体となり、我らに宿りたまへり」の聖句の如く、人間身の内に潜在する霊性・ミヘソが磨き開かれた聖なる響きを伝える人間完成者を指すものであり、「念彼観音力」というのは人間有限者が、天の無限者につながることにより現れる、無限力を象徴的に表現するものである。

このように「古事記」、「聖書」、「仏典」の一条《ひとくだり》をここに改めてならべて見ると、それぞれ表現の持味は異なっているけれど、究極の場においては民族を超え、時間空間を超えて高い次元に結ばれることが明瞭である。

とくに日本民族の独自性惟神霊統にもとづく持味の表現は優れている。聖書の「言葉は神なりき、言葉は肉体に宿りたもう」に対して、日本神典「古事記」は「天地の初発のとき」と前置きして、「高天原に成りませる神の名は、天之御中主神」と、すなわち神名に仮託し象徴して、（天）無限から成ってくる、神と人間が生誕する生命の起源の妙相を巧みに明示し表現している。高天原とは人体のはら（腹部）を指すもので、この腹の中枢に天之御中主神なる「お腹主《なかぬし》」の霊性ヘソの存在、神が宿っていることを指摘している。こうした日本民族の道統に関して、畏くも万葉人は「敷島の大和の国は言霊《ことだま》の幸わう国ぞ真幸《まさき》くあれこそ」と、詠じている。言霊とは「言葉は神なりき」と同一である。

彼の世界的仏教学者鈴木大拙博士が、仏教哲学の究極を「真空妙有」と喝破しているのは流石である。しかし博士は遺憾ながらその場をまだ把握していないのである。普門品の「念彼観音力」に象徴せられているものは、「真空妙有」の場、ミヘソの神秘的機能を語るものである。

ヘソこそ成りませし神の座、すなわち「無限力をもつ統一真理の場」である。これを現代において解明し、如実に「臍能無限、神通妙有」の能きを現わすまでの人間完成に達した現代の叡智者こそ天人松木草垣女史その人である。

● 天の扉はひらかれた

十字架上に血を流したイエスは、厳しい戒律のもとに神の愛を説いた。菩薩樹下に悟りを得て起ちあがった釈迦は、小乗より大乗の教学を打ち建て仏の慈悲を説いた。この両聖者の道はいずれも神にもとづく方法であり方便であった。

惟神日本の道は、人間がつくった生活規範の倫理、道徳以前から存在する、無限にもとづく誠の道である。誠とは言が成る―いわゆる無限から成り、鳴り響く理の道である。理の道は宗教、科学、哲学が未だ分化されない、大自然の叡智に導かれて有限者が無限者とつながり、地上に神の国をならしめる人間生活の展開である。

人類の前史においては、天は神々を使わし給いて道義的戒律を示しながら、諸々の方法と方便を交えて人類を導きたもうたのである。その神々は眼に見せ、手に取らしめる形而下の諸問題を、まず我々人類に与えようとしたのである。その一つは肉体的完成を遂げるためであり、もう一つは智慧にもとづく科学の進歩である。

かくして二十世紀の終わりにおいて、人類形成の形而下的問題は、一応肉体的にも智能的にも完成を遂げたのである。いまや人類の前史は終わりを告げて後史に移行する新しい世紀の幕が開かれたのである。この天のときを釈迦は末法世界と予言した。それは人類の前史におけるイエス、釈迦あるいはその他教祖の宗教は、後史を拓き導くには力の足りないことを意味する。その意味は最高次元の場につながる形而上（現象の原因世界）の理の道が拓かれなければならないという残された現代の課題である。

来たるべき新しい世代における最高次元の道は、倫理道徳の戒律から解放されるとともに、物質的繋縛《けいばく》から逃れて天の理にもとづく人間高度の文化生活である。換言すると現代科学文化を止揚し、神々を遥かに超えて、天の無限者に地の有限者がつながり、無限力をもつ統一真理の場に起つ、闘争も病気もない、物心ともに豊かな意識の高い新文明の建設である。

この天のときに会し、今日まで人間の未知なるものとして取り残された神とは何か、人間とは何か、生命の神秘とは何かという、隠された一厘の天の秘義が、いまや一人の叡智者の出現によって明確に「臍」だと証されたのである。げに臍は万人誰にでも存在する普遍の大真理であり、時間、空間を超え、過去、現在、未来を貫いて生きる絶対の存在である。

「自分を掘って、掘って、掘り下げたら、そこから無限、無限、無限が湧いてでる」と叡智者天人女史は素朴な言葉をもってキリスト、釈迦その他過去の聖者たちが未だ達し得なかった神々を超える天の道を拓くものである。

●日本の指導者に贈る

かつて生長の家谷口雅春氏は、その誌「生長の家」において次のように述べている。「原子爆弾は星の運行による自然の避けがたき天災でも地妖でもないのであります。それは人造の災害であって、人がつくる、そして人はそれを望んでいない。しかも、人はそれを逃れることができない危険な土壇場まで押し込もうとしているのはなぜでしょうか」と。

現代唯物科学文明の行き過ぎと、その矛盾を痛嘆して、それは「業因」の循環であるとともに、人類がなお、その魂（ヘソ）が幼稚であることを指摘して、最後の条で、「ひとりの強力に大衆を正しく指導し得る叡智者が出現して、単に破滅に近づきつつある結果の世界のみに乱舞する国民を指導し、その結果を生じせしめつつある原因の世界を矯正して、人類の破滅の直前に救うて、地上に闘争なき平和な天国を建設する日のきたらんことを待望する」と結んでいる。

この文中で師が待望する「一人の叡智者の出現」とは、世にいう霊能者や予言者ではあるまい。自己を掘って掘り下げて、そこ（臍）から熨斗出される、神の叡智に導かれる人間完成者であろう。このことはＭＲＡ（道義再武装）運動において「世界は神に導かれる人々によって、導かれねばならない」と、全人類に向かって呼びかけている、故ブックマン博士の言葉を具体的にする根本課題である。

すでに述べたように、私とただ一度の会談によって天人女史のあり方を知ったジナ・サーミナラ女史は「天人女史は数千年に出現する一人の天啓者（叡智者）であり、世紀の聖者（指導者）である」と、賛嘆の辞を贈っているが、日本の指導者はここ日本に起こったこの瑞祥に対し、果たして耳を傾けるだろうか。日本の一流宗教家、また日本ＭＲＡ運動の中心に立つ一流政治家、その他一流の指導者たちは、他人事のように考えて恐らく知らされても知らんふりして敬遠するであろう。ゆえに、我々は野にある無名の士に多くの期待をかけている。

それにしても、叡智者として世に熨斗出さしめられた天人女史は、五十年の生涯を誠一条に徹し、可弱い女性の身でありながら、雄々しくも世の多くの矛盾を乗り越えて強く生きぬいてきたのである。彼女は幼少のころから高い教養を身につけ、嫁しては貞淑良き人妻として母として世の中の模範となり、弟妹や隣人から深く敬愛せられ親しまれ信頼せられた。ことに恵まれない物質生活の中にも、精神生活豊かにその家庭はつねにまどらかであり、また彼女は生来蒲柳の身でありながら、茨苦労の道すがらに勇み且つ喜んで外扶内助《がいふないじょ》至らざるはなく、貧富こもごもの中にその品性は陶治せられ風格いよいよ高く、境遇を超えてとみに浄心を養いおのずと業因を果たし切ったのである。かくして、彼女の霊性は高く磨き開かれ、ついに臍の無限力は天に直結して自由自在に天空を天翔けるものとなったのである。

しかし、天人女史には課せられた天の使命がある。谷口師のいう大衆を直接に指導する叡智者としての役割ではない。来たるべき世直りの天のときにおいて、暗黒の闇から聖火をかざして起ち上るべき千人の優れた指導者、すなわち国の要人づくりである。そのため、野にある誠の人々を探し求めて、彼らが天につながり得る「修理・成法」にのっとる、惟神日本の道の復元を指向する天人女史とその場「あたらしい道」である。

（注）手元にある辞林を引いてみると、叡智者とは、「深遠なる智能、宇宙の本体たる理性、時空の制限をうけず、因果律に支配せられず、吾人が認識すべからず、それ自身にして真に実在するもの」と記してある。

不可知の世界を拓く

アレキシス・カレルは、その著「人間・この未知なるもの」で《人類よ、科学の迷信から目覚めよ、これが焦眉の急務である》と、人間に関する未知（まだ分からない）の世界があることを認めようではないかと訴えている。また、ベルグソンは、高次元絶対世界の存在を肯定する「不可知論」を世に贈っている。また、最近脚光を浴びて登場したライン博士の「超心理学」にしても「不可知論」を打ち破ることはでき得ないのである。

このように科学はもとより哲学・宗教また倫理・道徳の分野においても、未だ最高次元の場を解明し把握するに至っていないのである。もし、今日以降においてなお且つ、「不可知論」を肯定するほかに道なしとすれば、一方的な物質科学文明の世界はやがて崩壊するほかはないと考えられる。

すでに述べたように、想像を絶する人類の永い前史においては第一に肉体的人間の育成であり、第二は智能的人間の進歩である。第一の問題は世紀前の遠い昔においてすでに肉体的には人間の完成を遂げたものとみられる。しかし、第二の問題は世紀零年から今日に至り、漸く完成されたといえるのである。

ところが、この二つはいずれも形而下（見える法の世界）に属する諸問題であって、形而上（見えない理の世界）に関しては明日に取り残されていたのである。人間は霊肉一如の存在であるとは大概の者は承認しているが、「人間の本質は言語を駆使する霊体である」という問題については、未だ承認され通用するまでに人類の意識が向上されていないのである。

人間は霊肉一如の存在であるが、霊と肉とを一つにして生命あるものとしてあらしめるのがなお人間の奥に内在している。この問題を理解することが今日以降の人類後史を拓く根本課題なのである。

この課題は同時に、宗教の前進と科学の再生を促すものである。それは人間の霊性が高度に飛躍して有限者が無限者につながり得る問題である。しかも人間が、それぞれに人格者として自己完成に達することでもある。元来人間は無限から生まれ無限につながって生かされて生きる存在である。それはまた人間のみならず、他の生物も植物も現象の一切は無限からなってきたのである。ここに自然科学の研究課題がある。しかし、有限と無限の関係は人間智では永久に分からないものとして、自然科学者もさじを投げている形である。

しかしながら、新しい世紀を拓くべきこの鍵は、すでに我々に与えられている。それは、すでに述べた如く、無限と有限との関係、また神とはいったい何なのか、生と死とは、霊とはいったい何なのか、未来はいかにしてつくられつつあるか、これら超科学的（不可知の真理）、

「人間この未知なるもの」に対して驚くべし、我々人類の祖先は世紀前においてすでに解明し啓示しているということは、改めて説明するまでもなく、先に述べた如く聖書ヨハネ伝第一章、また「古事記」天地初発の条に盛られているものがそれである。

前項哲学者山田悦人氏の人間の本質についての見解は、必ずしも氏の独創ではなくて過去の優れた聖者たちの語録や古事に習い、あるいは過去の優れた哲人たちが積み重ねた跡をたどって教えられ導かれたものであろう。いまや人類は形而下的には、その智能は高度の発達を遂げたのであるが、そのために却って形而上人間の本質が失われてしまい、押しボタン一つで地球の全文明を破壊さすに十分な悪魔の原子兵器をつくりあげたのである。もし、これが人類前史の終末において破壊を告げる贈り物となったら大変である。

このように人間の智能の能きは百年、千年、二千年前の時代においては、到底夢想だに許されなかったほど今日は恐ろしく高度化したのである。こうした形而下の諸問題はイエスも釈迦も孔子も近代人には遠く及ばないのである。

千年、二千年の遠い昔のイエス・釈迦・孔子の時代は、今日とくらべたら智能の点では幼稚園の子供と大学生ほどの相違である。幼稚園のいたずらっ子をたしなめて躾をするためには、お灸をすえたり、お巡りさんがくると嚇したりする。それは親の愛であり方便である。しかし、子供が成長して大学生ともなれば方便では承知しない。そこで本物の倫理、道徳の説教が必要となる。

ちょうどこれと同じことで、人間が智能の低い頃のイエスや釈迦あるいはそれ以降の時代では、色々と方便を交えて法を説いたのは止むを得ないことである。法とは形而下的、小乗的、現世的な御利益主義である。しかし、イエスの道も釈迦の教えも本来は大乗的であったが、理を隠して理を表に現して解くには至らなかったのである。

理とはさきに一寸触れたように最高次元の場に起つ「絶対妙即相対妙」の世界である。この原因の形而上の世界をイエスは「言葉は神なりき」と教え、また「天の父」とよんだのである。また、釈迦の悟道においては「色即是空、空即是色」あるいは「如来」などと象徴したのである。

二十世紀における我々人間は、すでに大学を立派に卒業して大学院に籍を置くものであるといえる。この一人前の人間が、いつまでも方法や方便の神、仏の先生について学ぼうとするのは愚かである。今日までの時代を導き得た大乗的宗教にして、より完成へと前進の理の道を開拓せねばならないという問題こそ、いわゆる世直りの天のときであり宇宙時代文明の転機である。

●天地の臍

神とは何か、と問われたら私は即座に「神は無限であり、絶対であり、普遍である」と答え得る。無限とは時間も空間もない、過去も現在も未来もない絶対の存在である。絶対とは人間なれば例外なく誰にでもあるもの、誰でもできる普遍の存在でなくてはならない。また普遍とはあたりまえのこと、男も女も老幼身分の別なく人類の全部が容認できるものであらねばならない。

果たしてそんなものが世の中に存在するだろうか、と疑ってはならない。疑うあなたが生まれない前から、生まれてからも、また死んでゆく先の先までお持ちになっている。さあ、何でしょうか。身体の真中心に鎮座ましまして自分の生も死も、幸不幸の運命など、精神的にも肉体的にも自己のすべてを支配する御本尊さま、それは自分のお臍さんである。

蛙は臍のないのを嘆いているが、人間は臍があるから生まれたのである。臍があるから呼吸し血液を循環して生きている、臍こそ自分のご主人様である。

ゆえに、畏くも我々の遠い祖先はこれをお中主と崇め、頭に天の字を冠し、下に神の字をそえて、天之御中主神と拝んだのである。このお中主のことを聖書には先に述べた如く「言葉は神なりき、言葉は肉体となりて我らの中に宿りたまへり」と記している。

仏教は、この言葉（神）を音（仏）におきかえて、その妙音の鳴り響く人間の立派な姿を観世音菩薩と讃えたのである。そしてこの音、言葉、お中主の神秘的な無限力の現れを、「念彼観音力」の奇跡として象徴したのである。ここにおいて、はじめて最高次元の場に起つ宗教同根、万教帰一の意義が解明されるのである。

まことに不思議なことは世紀前の昔において、イエスは臍に神いますこと、釈迦は空即是空と臍の妙音を教え、古事記はさらに明確かつ具体的にお中主と啓示している。いままでは神を我々の手の届かない遠い彼方の霞の中において敬遠してきたのではあるまいか。敬遠していたのでは神といえども働きようがないので無神論者が出たり、ついに宗教の無力化が叫ばれだしたのである。

神は最も身近な自分の臍に宿っている。この臍に宿る前の元親は天地初発のときに成りました、その成りまさない以前の無限の中枢に位する天の臍である。この天の臍が大真理究極の場であって、その場は無限のエネルギーを包摂し、つねに最高度の超妙音を発している。これまさに「言葉は太初にあり」で、この言葉、音の本質は波動や粒子などとは比較を絶する高度な《真空妙有》の超霊波であり、その内に有る妙が宇宙の秩序であり神の叡智である。

こんな素晴らしい超妙音が、惜しみなく地上に向かって燦々と降り注がれている。この音の響きを地上においてキャッチし得るものが、すなわち万物の霊長といわれる人間の臍である。

しかるに、多くの人間は臍の重要性とその神秘的機能を知っていない。漸くそれと気づく一部の人間でも、形而下（表に現れているもの）における問題しか考えられないので、臍帯埋没療法とか、臍に油脂を塗布する健康法とか、腹部の呼吸法とか、あるいは臍の緒を祀る宮を建てるとか、この程度の法の一面しか知っていない。甚だしいのは臍は退化物であって、何ら重要性はないという無知な医学者もいる。

このように世人は上皮の法の臍のことしか知らず、奥の理の臍、すなわち、人間生命の腑である形而上（現れていない原因の世界）の霊性臍の存在を無視している。腹部霊性の中枢に位する臍の妙所は、宇宙の秩序と神の叡智をキャッチし得る最高次元、無限力をもつ統一真理の場であることは、以上重ね重ね述べたのであるが、まことに理の臍は妙音の響きを地上においてキャッチするレーダー基地であり、同時に発信基地でもある。

私がサーミナラ女史と会見したとき、「言葉は神なり」の聖句について質したところ、それは大問題であると前提して次のように答えられたのである。

「言葉とは―私の国の言語でロゴスと解釈します。神は申すまでもなくゴットです。そうして言葉（神）のもつ内容は秩序です」と立派なお答えであった。このとき、通訳の十菱氏は「日本的にいえば声なき声です」と、つけ加えてくれた。

サーミナラ女史の答えは正しいのであるが、それはあたかも鈴木大拙博士が仏教哲学の究極を「真空妙有」と説明しているのと同じであり、未だその場を発見し把握していないのである。それでは臍の存在とその価値を真に認め得ないのと同じである。ところが、賢明にもサーミナラ女史は、そのとき私が天人女史のあり方について語ったことに、それを素直に納得し承認されたのである。このとき私が語った一節をテープレコーダーから要約して次に抄録する。

「天人女史が今日に至ったことは、彼女が五十年の平凡な家庭の主婦として、最高道徳を実践したことによる。それは自己を滅却して捧げ切り尽くし切った理が天に通じたのである。天に通じたというのは、その霊性臍が磨き切られ、開き切り、前世、今世のカルマ（業）を払拭して、いつの間にか自然に宇宙の秩序に直結するものとなり、言葉（神）の妙音の響きを自己の内に享けるものとなり、天の秩序のままに言葉が臍から熨斗出されるまでに、彼女の霊性が最高度に飛躍されたのである。ゆえに天人とよび、あるいは叡智者と称えるのである」。

キリスト教者である哲学者サーミナラ女史は、この天人女史の在り方を知り、女史の脳裏にはヨハネ伝第一章「言葉は肉体となりて我らの中に宿りたまへり…」の聖句が甦ってきたものと思われる。それゆえか、「天人女史は数千年に出現する世紀の聖者である」と、後に賛嘆の言葉を寄せられた。このとき、サーミナラ女史は、はじめて御自分の身の内の臍が神の座であることを悟り、「真空妙有」の場すなわち臍から知らされ臍によって思わされたのである。

●心と臍と神

この稿を執筆中の昭和三十八年七月十二日に私は招かれて、大阪府布施市東大阪信用組合楼上で催された人づくり講演会に臨んだのである。この催しは、新日本同胞会同人の鐘毛メリヤスＫＫ社長富田政良氏の肝いりで、商工会議所議員で布施市の有力者上野義雄、徳美信三、平田計雄氏、それに富田氏を加えた四人の主催者の名がつらねてある。

初回のことで集まったのは四十数人に過ぎなかったけれど、いずれも四十才前後で社会中堅層の質的に選ばれた人々であった。講演が終わり富田氏等と一緒に信用組合理事長室で冷たいものをいただいているとき、組合理事長上野義雄氏は、私の講演に対し批判的であることを知った。それは最も大切な臍に関してである。上野氏は先生のお話を批判する意味ではありませんがと前置きして、次のようなことを語った。

「臍のことは今日はじめてお聞きしたので分かりませんが、私は心が大切だと思います。私は毎朝ラジオやテレビの宗教や修養の講話を聴くのですが、その中に必ず一つや二つは教えられることがあります。また、この頃流行の家康や武蔵の伝記ものを読みましても、その中で自分の心をとらえるものがあります。それらのことを心に留めて実行することに努めています。こうしたことによって私は自分をつくっているのです」と。

人生六十才を超え立派な社会人として出来上がっている上野氏のいわれることは正しいのである。このような自己完成者ばかりが実業界、政治界、教育界など社会に沢山の指導者がいたら、今日のような対立闘争の暗い世の中にならないのである。

しかし、心に重点を置くということは、上野氏のように教養があり、理性に富み、かつ人生苦労の道を通り、世の矛盾を乗り越えてきた者だけがいえることである。元来、心というものは、つねに変転極まりのないもので、昔の聖者にしても自分の心をつかむことは難しいことだ、と語った。ことに今日のような目まぐるしい複雑怪奇な時代において、心の働きだけで自己を律していくことはきわめて困難である。それはどういうわけか、しからば心の外に何があるか。

哲学者デカルトの「我れもの思うが故に吾れあり」とは、彼が思策した結果の言葉として有名である。この哲学者は人間は肉体ではない、また、血球でも血液でもない、思惟する心が本当の自分と発見したのである。当時とすれば最も優れた哲学的言葉として受け取れたのであろうが、今日では心の奥を哲学せねばならない、それ故に超心理学などが生まれたのである。

思惟する心とは何か。心の働きがどこからくるかという、心の奥を探求するものが、ライン博士の超心理学であろう。しかし、この超心理学の登場によっても、尚、心の根源をとらえることは不可能に属し、ベルグソンの「不可知論」を肯定する外はあるまい。

宗教的な神仏にもとづく説話や、また、倫理、道徳にもとづく修養講話は、心を動かし、心を養うためには価値の高いものである。しかしながら、今日のマスコミ時代の人間の感覚には、心を対照とするものは甚だ影が薄くなり、この頃は道徳というものの影が薄く、また宗教の無力を口にするようになったのはそのためである。

現在の宗教界は異例創価学会の進出により、各教団は刺激されて今日までのように安閑として法域を守ることが許されず、色々な動きがみられる。なかでも日本新宗教青年連盟などは連盟に属する各教団青年部代表者の協議を重ねて、各教団が祭祀する本尊にもとづく教義や教理とは別に、普遍的統一的指導原理を確立せねばならないと研究を進めている。

そもそも宗教は同根であり、万教は帰一すべきものであるにもかかわらず、各々宗派的な異なる神を祀り、また教団繁栄主義にもとづく教義を制定するなど既成宗教はもとより、新興宗教といわれるものも、その本質的なあり方から離れて、形而上の問題は教祖以来、少しも進歩していないのである。

こうした中に日本の経済は高度の成長を遂げ、国民の所得は倍増し、加えてレジャーブームの波に乗った各教団は、あたかも観光株式会社の観を呈したのである。このように形而下諸問題の中に取り囲まれたままで統一原理を求めようとしても、人間智の限界を超える神智にもとづく高度の統一原理は生まれないのである。真に各教団が統一原理を求めるならば、まず個々の教団それ自らを掘り下げて根を発見し、根につながる新しい道を把握せねばならないのである。

本来神は一つであり、神にもとづく宗教は同根であるべきはずである。すでに述べたように各教団は宗派的な「唯我独尊」の神を奉祀して、お互いに高姿勢を保とうとしているのが今日の現状である。これを打開するためには、自らを掘って掘って掘り下げて、万教が帰一する最高次元の場を発見し、把握することでなくてはならない。

手前を掘ることを棚上げにして、各教団が寄り集まり、たとえ統一原理ができあがったとしても、その原理は人間の智慧によって作った根なし草で、決して天につながるものとはならないのである。

親鸞は偉大であった。叡山の法主として万巻の仏典を講義し、洛中洛外に轟く地位高き名僧であったが、世間に評判の高まるにつれ彼は自己嫌悪に陥り、日夜、煩悶懊悩《はんもんおうのう》の末ついに意を決し、錦繍《きんしゅう》の衣を脱ぎ捨て、教典を捨て、勤行を捨て、一切の形而下の形骸から脱出《ぬけだ》して、みずから愚禿《ぐとく》親鸞と称して山を下り、みすぼらしい一介の法師となり、口に南無阿弥陀仏の名号を唱えながら、厳しい自己錬成の永い旅路についたのである。

かくして親鸞は自己を掘って掘って、掘り下げ切ったことにより、臍が磨き開かれ身の内から神の無限力が湧き出る人間完成の叡智者に達し、後世にその道を残すものとなったのである。この聖者の道を讃える「勿体なや祖師は紙衣《かみこ》の九十年」と、句仏上人の名句が思い出される。

さて、現代を導き得る高度の宗教は無限と有限とつながる哲学とその実証の場が要請される。哲学をもたない説話的な教学では、今日以降は通用しないであろう。その証拠には、親孝行を否定し、自由主義のもとに社会生活の秩序を乱して、上下の区別などはわきまえず、男女間の交わりに差別なく、恐るべき業因を積み重ねている有様はまさに末法の世相である。

一昨年のことであるが、私は参議院で社会党の加藤シズエ女史にお目にかかった。このとき世界を目ざすMRAが、その目的の第一に掲げる「神を主導力として国家生活に復帰する」という、その神について、日本人として加藤女史がどう受け取っているかについて質問したのに対し、加藤女史は次のように答えたのである。

「私が昨年ボンで開かれたMRA世界大会に出席したとき、MRAの中心となってお働きになっている、印度代表ガンジーさんにお尋ねしたのです。貴方のお父さまのガンジー翁は、どんな宗教どのような信仰をお持ちでしたか。そのお返事には、「私の父は別に何宗とか何神とか固定したものは持っていませんでしたが、キリスト教の良い点、マホメットの良い点、仏教の良い点を身につけて、独自の神と信仰を把握していました」とのお答えでした。私（加藤女史）も同じように、神道、仏教、キリスト教の教えの良い点に学び、格別に何宗何神様とかには凝っておりません。それでお尋ねのＭＲＡの神については、自己の良心の命ずるものを神としています」。

まことに興味あるお話である。前記の上野氏の語るところも、この加藤女史の答えにしても形而下の心の働きは認めても、心の奥に存在する形而上の魂の問題、いわゆる、「臍に神の座がある」ことは認め得られないのである。

●中心・統一・臍

ネーブル・ミカンとはＮＡＶＥＬ、すなわち臍のある密柑の意味である。また、ネーブルという単語は、中心という意味も含まれている。そこで考えられることは物にはすべて中心がある。巨視的な宇宙の秩序は太陽を中心として保たれている、微視的な原子の世界は核が中心である。植物には年輪を形成し根につながる中心が幹の真中心のポッンである。人間においては、すでに述べた如く臍が中心である。その臍には表と裏がある。表の臍は母胎において形而下的な役目を果たし得たものである。裏の臍は生命の腑として形而上の諸問題、いわゆる人間の生死、運命など精神的にも肉体的にも人間のすべてを差配する神の座である。

現代の科学文明は中心の存在を無視し、中心から遠く離れた根なし草に等しい床の生花である。一時は華やかに咲いていていても実を結び得ず、やがて枯れ萎んでゆく外はないのである。

ここに思い出されるのは天理教教祖中山みき女史は、根について、次のような予言をしている。

《いままでは、からが日本をままにした
神のざんねん、なんとしようやら
このさきは、日本がからをままにする
みな一列は承知していよ
同じ木の根と枝とのことならば
枝は折れてくる根は栄えるで
いまからは、からが偉いとゆうなれど
これからさきは折れるばかりや
日本を見よ、小さいように思うたれど

根が現われたらおそれいるぞや
この力、人間わざとも思われん
神の力やこれかなわん》（明治七年お筆先第三号より抄）

中山教祖の示す根とは、人間における臍の妙所を指すものである。その証拠には教祖は甘露台と称して上部に一尺二寸六角の平鉢を据え、土台は六尺六角の石を十三積み重ね、総高さ八尺二寸の造形物を作らしめて、地場（天理）の宮の中心に設定し、これを礼拝の対照として爾来八十年朝に夕に「悪しきを払うて助けせき込む一列すまして甘露台」と唱えて、甘露台世界の現成を祈り拝んでいる。甘露台世界の建設とは、天意にもとづく世の建て替え、建直しであり、人類が真に救われる根の国日本の開顕を意味する。

今日この問題について、教会宗教天理教から離れて教祖に還って天意を汲みとり、正しく理解し解明するならば、「根が現われたら」とは二十世紀の後期において、この国に根の神現れまして、残された一厘の天の秘義を開き、臍に神宿ることを実証し解明する世直りの天の時を予言したものである。

また成型物の甘露台は、天の臍、地の臍、すなわち臍を象徴するものであり、人間が身のうち神の座の臍を承認し、わが臍を拝むまでに、我々日本民族の意識が進み、その霊性が向上された場合は、臍の「真空妙有」神の無限力が熨斗出されて有限者と無限者がつながるものとなり、「絶対妙即相対妙」の奇跡ならぬ奇跡が起こり、地上に神の国が現成されることを示したものである。

この理解にもとずくならば、教祖は天之御中主神（おなかぬし、臍）を天理王命と称えて甘露台に象徴し、根の存在を教示したものである。奇しくもこの天理教祖の示すものは、ヨハネ伝第一章「言葉は肉体となりて我らの中に宿りたまへり…」と表現は異なっていても理は一つである。

聖書にある「言葉」は天理教祖の「根」を意味し、また我らの中に宿るものは真理であるというのは、天理教の誠一条《まことひとすじ》でもある。この誠は言葉が鳴り響いて、甘露台に天降る妙音のことであり、臍から熨斗出される神の言葉の「まこと」である。

近世の優れた天啓者中山みき女史は偉大である。天理と誠一条の道を説き、統一に導かれるべき中心を明示して、「根が現れたら」と、今日を予言し、あるいは甘露台に象徴して明日の日本のあたらしい道を啓示されている。このことは万教が統一に導かれる中心の場に関して、二十世紀の初期においてこれを天理教祖は語っている。数百万の信徒を持つよりも、輪郭の壮大を語るよりも「根が現れたら」の啓示とともに「甘露台」の真意義を理解し解明して、教団そのものを掘り下げて教祖に還り、臍を磨き開く、真の人づくり国づくりに挺身すべき天理教ではあるまいか。

これこそ宗教の前進を促す道である。それは新宗連の青年宗教家たちのように、敢えて統一の原理を求めなくても期せずして万教が一つに結ばれる場が自然に開かれる。それが根であり甘露台である。

私はさきに東西両本願寺に一人の親鸞出でよ、と叫んだ。大天理教の中に甘露台の真義に徹し自己を掘りに掘り下げて天理にもとずく神に直結する、新しい指導者の現れることを待望していたのである。

その一人に中心社を主宰し、天理教本部委員で前参議院議員常岡一郎氏にひそかに期待していた。しかし、その常岡氏が天人女史の指向する臍に関して臍は中心ではない、眼が中心だと断定し反論的なことを書いている。また、その後再びその誌「中心」昭和三十七年十月発行の第二五七五号において同様の意味のことを繰り返し述べているので次の項でそれを掲げる。

（注）人間に根あり中心あり、また、宇宙と万物にも中心あり、根があるからには、国と民族にも中心がなければならない。日本国家を繁栄に導く根は国民にあり、また天皇にある。国民のまとまるべき中心は天皇である。日本天皇の御存在は形而上の根であり、同時に形而下の中心に位している。この民族の伝統―霊統―道統に関しては後日に筆硯《ひっけん》を改めて論述する。

●頭脳智と腹脳ミヘソの叡智

「どこにからだの中心はありますかと人に聞きます。多くの人は臍でしょうと答えます。しかし、臍は中心ではありません。中心というのは、自由自在のまかされたところであります。

人間のからだの活動の自由は、臍にまかされてはいません。居眠りしたら中心が失われますから、からだの平均は破れます。備えは崩れます。そのとき、中心は目であることが分かります。眠ったら天下の横綱、大力無双の人でも、マッチ一本を持つ自由も許されません。どんな画家でも、智者でも、目が覚めた後でないと、からだの自由な活動は一切許されません。人間が母の胎内に宿ります。この場合も、目が第一に出来ます。それから肉体が出来上がります。目がからだの中心であります。そしてその目は心の窓であります。からだの中心は目、人間そのものの中心は心であります」（昭和三十七年十月発行『中心』誌より抄）

こんなふうに常岡氏は、からだの中心は目であると語り、人間そのものの中心は心だと述べている。腹部の上皮に見えている臍―デカルトが「我もの思うが故に吾れあり」と、心は認めていても、霊性の臍すなわち心の奥の魂の存在は不問に付しているのである。

目は心の窓ということは生命のない形而下的な、たとえばカメラのレンズとフィルムの関係に似た物理的、科学的な作用のようなものである。ところが人間は物ではない、生命の通っているものであるから、カメラとは異なり形而上（霊性人間）の問題を把握しなかったら間違ってしまうのである。

生命の通っている人間は、たとえ目が見えないでも物事を「みとる」ことが可能である。世界の聖女といわれるヘレンケラー女史は完全な盲目である。また、数年前故人となられた岩橋武夫先生は、中学生のころ失明して、一時は自殺まではかったほど自分の不幸に懊悩したが、ひとたび彼は霊眼が開け勉学に一大精進の末、ついに文学博士の学位を得て、後年に関西学院の教授をされたのである。

私は縁あっていまから三十五年ほど前に兵庫県の三田の学校で、先生と一緒に演壇に立ったことがある。そのとき岩橋先生はまったく目が見えないにも関わらず、黒板にチョークで英語も日本語も自由自在に目あきの我々よりも遥か上手に書かれたのには驚嘆したのである。

この問題は目の外《ほか》に心の外に人間の中心が別にあることを立証するものである。これを宗教家は魂とか精霊とかと唱え、心理学者は深層意識、哲学者は無意識者などと説明してきたのであるが、いずれも抽象的な説明に終わっている。それは生命神秘の座であり、不可知の真理の場であるために、これを具体的に解明するに至らなかったのである。

私はけっして他宗を非難したり、他人のあげ足を取る気は少しもない。「甘露台」信仰の大天理教々団中の第一人者と目され、しかも「中心社」を主宰して全国的に中心運動を繰りひろげている、日本一流の指導者の常岡氏が、真中心の形而上の臍を認め得ず、形而下の目が中心だ、心が主体だと打ち出している問題は、影響するところ甚大であり不問に付しておくわけにはいかないのである。

「人間が母の母胎に宿ったとき、目が第一にできる、それから、からだができる、目が人間そのものの中心だ」という常岡氏は、人間の真中心に位する臍の存在を認め得ず、臍は中心でないと断じている。多くの人は、常岡氏のように芽が出る前に種子のあることを忘れている。人間は母胎で育まれて目ができる以前において、母の胎内に一粒の生命の種子が宿り、それから根が生じるのである。眼のできるのはそれからずっと後のことである。この根が天理教祖のお筆先の「根が現れたら」であり、同時に「甘露台」の真義である。

また、常岡氏は「眠ったら大力無双の横綱でも、マッチ一本持つ自由は許されん」と述べているけれど、土俵に上った力士は、体力と四十八手だけでは天下の横綱にはなれない。臍の能きが瞬間の勝負を決する。由来日本人は腹が太いとか、腹芸とか腹が据わっているとか、また腹と腹の相談とか、昔から腹に重点を置いたのはこれみな臍の問題である。我々の祖先たちは無意識に臍、すなわち中心の存在を知っていたのである。

　さても今日の日本人の多くが臍の重要性を知らず、大和魂といわれてきた民族の臍をわきまえず、頭の働きばかりに重点を置いて、頭でっかち腹なしの物質主義者に成り下がるのは悲しむべきことである。

　私は数年前、天下の国士、修養団主幹蓮沼門三先生にお目にかかったとき、「先生が今日築かれた偉業は、先生の精神にもとづく努力の賜であることはもとよりながら、先生を今日に在らしめた奥の力が別にある。それは臍の神秘的機能にもとづく神の無限力である」。

　蓮沼先生はこの私の話を聞いて、「そりゃ、なるほどそうかもしれん」と、先生が郷里福島県の片田舎から青雲の志をいだいて東京に出てこられたとき、当時名高い渋沢栄一翁の門を叩いた。そのたびごとに、玄関先から門前払いをくわされたことが幾十たびあったか分からなかった。最後の土壇場で意外なことから目的を達した往時を追憶されて、「自分が今日あるのは、あのとき渋沢先生にお目にかかれたからである。もしお目にかかり得なかったら、今日の修養団はなかったと思う」と蓮沼先生が渋沢翁とはじめて面接がかなったときの不思議な導きについて語られ、自分では考えられないことが期待以上に積み重なり、現在に至ったことなど奇跡的な出来事などを話されて「有難う、なるほど《臍力無限―神通妙有》確かに分かる」と、先生は臍の問題を素直に承認せられたのである。

こんな御縁でその後三十八年春、先生は西下のみぎり、わざわざ「あたらしい道」の場に来訪され、天人女史と私と一緒に歓談の華を咲かせたことがある。

このように世の中に立派な仕事を遺す優れた人々はみな「臍力妙有」のはからいである。ただそれが知覚せられていないだけである。この意味で常岡氏にしても、蓮沼先生と同じようにご自分の臍が立派だから、それに相応する立派な仕事が授けられたのである。それだのに氏は、目が中心だ、心が中心だ、臍は中心でないといい切っているのは、ご自分の内なる臍の思いとは別な知慧のはからいである。

ここにいうところの知慧は、頭脳の働きに主体をおいて物事を考えたり言ったりすることである。それよりも腹脳すなわち「神力妙有」の能きを主体とする言動が要請される。ことに宗教家にとっては、肉体的な人間形而下の中心から、霊肉一如、生命ある人間―形而上の中心を把握すべきである。そのためにはどうしても臍の存在を重視し、臍が真中心であることを承認せねばならないのである。

私が「臍力無限、神通妙有」というのは、植物性神経叢（太陽叢）であり、腹部の中枢に位する臍の妙所をさすものである。この植物性神経は自律神経ともいわれるもので、人間の五感によってはとらえることのできない最も高度な神秘的な存在であり、縦に流れ無限につながる長さを持っている。ちょうど機《はた》を織るとき、最初に仕組む経糸《たていと》のようなものである。後から仕込む緯糸《よこいと》は、人間における動物性神経である。はじめに経糸が仕組まれているから、布地が織り成されるのである。しかし、緯糸は小巾、中巾、大巾と制約がある。そこで前者が主で形而上の霊性人間であり、後者が従で形而下肉体人間にたとえられるのである。

この霊性の植物性神経の基地が臍の妙所である。この妙所が磨き開かれたとき、高度の働きが現れる。この現れが神の叡智であり、肉体的な動物性の基地は頭脳にある。その脳細胞の働きにもとづくものが心である。だから心というものは、自分の思うままに悪事を考えることも、また善事を考えることも自由である。

これに反して植物性神経は、自分の心（意志）では絶対に動かし得ない存在である。しかし、思わないでも考えないでも血液を循環せしめたり、呼吸をさしてくれている。また、我々が熟睡しているときは、意識する心の自分はないけれど、朝がくると自然に目が覚めるということは、「臍力妙有」の臍があるからである。ところが、熟睡の延長が死につながる場合がある。それは、中心の臍が肉体の宮からぬけ出して羽化登仙し、その臍力妙有の能きが他に移動してお留守になるからである。

形而下の肉体は物質だからいつかは朽ちて元の元素に還元する、これが人間の死というものである。これと同時に意識する心は雲散霧消しても、永遠に朽ちることのない絶対存在の霊性臍は、過去、現在、未来を貫き、時間、空間を超えて生きている形而上、真の自己である。

ここまで説き来れば何人でも臍が人間そのものの真中心であることが承認されるであろう。しかも、「あたらしい道」の場では天人女史を中心として、多くの人々が自己を掘って掘り下げた結果、腹脳（叡智）の無限力に導かれて、智脳（智慧）の働きを超える、奇蹟ならぬ奇蹟の数々が、この場につながる多くの人々の日常生活の上に現れているのである。

「自分を掘って　掘って　掘り下げ切ったら
　そこから無限　無限　無限　が湧いて出る」

これは天人女史語録の一節であり、ぬきさしならぬ絶対の理である。

さきに甘露台の一条《くだり》で述べたとおり、天理教祖は具体的でないが臍が真中心であることをお筆先によっても教示している。たとえば、

「この台をどういうことに思っている　これは日本のたからや…」
「この元なるを　誰も知るまい」
「この元はイザナギとイザナミの身のうちよりの本真中や…」
（お筆先十七号一より九までの中から抄）

（注）この台というのは甘露台をさすとともに教祖身のうちの臍でもある。また、天の臍から高天原に成ります、元の神をも意味する。イザナギとイザナミとは、生命の元種が母胎に宿る神秘を神名に仮託して象徴したものである。

臍に神の座《真空妙有》があり、臍は中心に位しているものであることを、前者は直裁簡

明に、後者は抽象的に指摘するものである。いずれも無限（理）と有限（法）の関係における無限につながる不可知の接点であり、幽顕一如の真中心を示すものである。いいかえれば天の無限者（神）と地の有限者（人間）とつながる最高次元の場を解明し指向するものである。

尚、ようやくペンを置くにあたって付記しておきたい。天理教祖が明治七年のお筆先で予言した「根が現れたら」に応えて、私は八十年後の現在、『根が現れた』の書名で昭和三十二年Ｂ六版二百ページ千部刊行したのである。そのうち百部近く天理教地場の木下書店で販売せられたが、少しも反響はなかった。この拙著は既に絶版になっているが、この書巻頭の自序を本稿の締めくくりとして最後のページを飾ることにする。

《現在日本は、政治も教育も、また、産業経済にしても根を失っている。根のないものは一時はどんなに華やかでも床の生花のように淋しく萎れて行く。根は植物ばかりではない。宇宙の根・国の根・民族の根、さらに我々人間にも根がある。人間の根とは、過去、現在、未来につながる霊性臍能である。これは今日まで霊魂《たましい》といわれていたもので、臍の内裏に存在している。近頃専門家の間に考察され大分喧しくなってきた、神秘な腹部の脳髄といわれる太陽叢がそれである。彼のチャタレー夫人の恋人で有名な英国の作家ローレンスは、〝太陽叢を忘れている現代人は浅ましい。人間は母胎にいるときから、これを中心にして肉体を湾曲させて生きていた。脳髄は後からできたもので、いわば二次的なものであるのに、近代人はこれにのみ捉われ過ぎている。それよりも、もっと大切な無意識中にある、太陽叢を活用して霊的に生きる必要がある。後天的な脳髄は主に物質的なものしか考えられないので、それよりも太陽叢を活かすことによって、世界に霊性文明をつくらねばならぬ〟と語っている。

さても十月十日の母胎の闇から明るみの世界に生まれたときの胎児は、母の胎盤につながっていた物質臍の緒は切り取られて無くなっても、目に見えぬ霊性臍能は父と母につながり、さらにその父母の親につながり、また、親から先祖へ、先祖から先祖へと遠い祖先の彼方へと遥か無限につながっている。見えない紐、霊的臍能とかカルマ（業）を持つ「たましい」のことである。人間たましいの悠遠遥かなる古里は果たしてどこであろうか。宇宙ただ一つの「もとたね（元種）」と覚えられる。この宇宙一粒のたねから根が生えて芽が出る。次に幹が延びて枝葉が茂り、花咲いて実を結ぶ。かかる自然循環絶対摂理のもとに、あらゆる生物は成長し育成せられ新陳代謝し進歩発展する。

このことが十分に承認できるものは、宇宙、国、民族に、また、人間にも根があることが分かる。しかるにこの肝心要の「根」、すなわち、「たましい（臍）」の存在を知らないものにとっては、たとえあってても根なし草と同じである。だから、今日のごとき根のない社会はやがて必ず崩壊の運命に至る。現代の唯物科学文明がそれである。このことはローレンスもまた警告している。

この臍能の正体が解明されて、「たましい」の動向が本当に分かる次の時代には、必然的に神に対する観念が是正されると同時に、生命の神秘も宗教も科学も一つのゴールに到達する「統一真理最高次元の場」が発見されるであろう。

本書は、宗教の無力と科学の恐怖を思わせる矛盾に満ちた世代において、人間自己完成の道を明示し、強力に世の建て替え、建直しを指向する一人の叡智者の出現を世に紹介するを意図するも、同時に人間革命を先行して、宗教と科学と一つに結ばれる、来たるべき新世紀の開幕を示唆するものとなればと祈念しつつペンを執ったのである》。（拙著『根が現れた』序文抄）

●宗教上の盲点、科学上の盲点

私は以上の稿の中でアメリカのライン博士の「超心理学」のことに触れたのであるが、博士に続いて日本では、近刊「宗教経験の世界」著者文学博士本山博氏および、ベストセラー「超心理学入門」の著者橋本電子研究所長橋本健氏―この二人の優れた新鋭の学者が問題と取り組んで相当の成果をあげている。おそらく「超心理学」の問題は、日本において完成されるべき運命を持っているものだと、私はひそかに期待している。

その理由には、前者と後者において根本的に観点の相違がある。ライン博士は研究の対照が形而下的なものに絞られていて、智脳にもとづく精神作用を一歩も出ていない。本山博士はその書名に「宗教経験の世界」と銘打っている如く、表面に現れる精神作用ではなく、霊的な世界との関連における、人間の深層意識を突きとめて解明しようとしている。また橋本氏も同様に、「生長の家」教理哲学の「生命の実相」を承認し、生命そのものを追求して具体的にこれを解明しようとするもので、氏はすでに人間心理が電子（物質）に影響を与えるところまで、電子技術をもって立証するに至っている。

この両者はいずれも形而上における心理の探究を進めているもので、私は一九六四年一月中旬に上京の折、本山、橋本両氏と会見し、お互いに忌憚なく、素直に問題について語り合ったのである。この二人はともに頭脳にもとづく物理的、科学的な心の動きとは別々に、脳髄機能を通して現れる心理の質的なものが、果たしてどこから、どうして来るのか、という心理作用の根源まで掘下げなければならないことに気付いていることが分かったのである。

この課題は、今日の「心理学」また「超心理学」の領域を超え、「潜在意識」、「無意識」あるいは、「霊魂」、「精霊」などと称されてきた、未開拓の形而上無限につながる高次元の分野である。このことは、今日までの心理学上、哲学上、また宗教上に残されている根本課題である。ただ、宗教上においてはこの課題に対し、抽象的な観念論を展開していたのである。しかし、彼ら宗教家にしても、無限につながる心理発動の根源の神秘的な場については未だ解明するに至っていないのである。そのために昔から今日に至るまで「神」、「仏」また「霊」など抽象的な表現のもとに、漸くその存在を説いてきたのである。

こうした次第は現在の段階におかれている宗教はもとより、科学のあり方にしても根本的な盲点となっている。この盲点が宗教の無力化をきたし、また、科学は恐怖を伴う悪魔的様相を呈し、ひいては対立と闘争の暗い社会を全世界に繰りひろげて、いまや人類は総すくみの体たらくである。

顧みれば、我々の遠い祖先の時代は、無限者と有限者がつながり、生かされて生きる人生のあり方に対し、「惟神道」と端的簡明に、しかも具体的に表明し指向していたのである。「惟神」とは、「ながら」であり、説明するまでもなく、神と人とともに在るということ。また、「道」とは宗教、哲学、科学、さらに倫理、道徳を一つにして生活に織り成すことである。なんとまあ、素晴らしい日本民族の道ではあるまいか。この素晴らしい優れた我々日本民族の道統を、現代に新しく蘇らしめるものが叡智者、天人女史の指向する「あたらしい道」である。しかも女史は、全人類が共同化に前進する根本要因となる、宗教と科学が統一に導かれる最高次元の場を拓き、「無限力をもつ統一真理の場」を解明し把握するに至ったのである。

（昭和39年4月10日）

推薦の言葉

元・筑波大学教授　京都府立医科大学名誉教授
棚次正和

霊性の開顕と日本復活

本書『日本の運命』は、著者による何冊かの前書の内容を踏まえながら、新たに「レジリエンス」（Resilience　ストレスを受けた際の精神的回復力）の視点から、危機の時代を乗り切るための方途を指し示したものである。著者は、松木天村氏と松木草垣女史から感化と薫陶を受けて、人生の足場を築いておられる。本書の構成とは別に、記述内容に即して大まかに腑分けすれば、（A）天変地異や戦争などの危機に関する歴史的事実の指摘、（B）日本の現状分析、（C）危機への対処法とその基盤となる根本認識、となるだろう。

まず、（A）であるが、首都直下地震や南海トラフ地震の危機については、メディア等の報道で国民の間に周知されて来た。興味深いのは、「地震と戦争の連動」の事実である。たとえば、幕末から明治維新にかけては嘉永7年に南海地震と東海地震が連発し、翌年には江戸地震が起きた。また、日清戦争の前後や日露戦争の前後にも地震が頻発したし、第一次世界大戦後の大正12年には死者10万人を超える関東大震災が起きた。さらに、太平洋戦争の最中にも、鳥取地震、東南海地震、三河地震、南海地震、福井地震などが連発した。こうした地震・災害と戦争の連動には、何らかの共通した主要因があるものと推察される。日本は地震大国ゆえに、それに対する不安や恐怖心は殆ど慢性化しており、却ってそれが油断を招くという反面もある。

そもそも、天変地異はなぜ起きるのか。一般に、天変地異――「天と地がもめる」と草垣女史はいう――は天災と呼ばれているが、むしろ人災ではないか。人災といっても耐震化や護岸工事などのインフラ整備を怠ったという意味では勿論ない。科学的実証は難しいが、精神現象の歪みや不調和が自壊作用として天変地異の形で物質現象化したと想定できるのである。物質世界が精神世界の投影だとすれば、天変地異は、紛れもなく人災であろう。さらに言えば、天変地異が人災だとすると、人間精神の何かを変えれば、修正や回避ができるということになる。

天地人の三才を使って説明してみたい。人間は、天空を仰ぎながら、大地を踏み締めて立っている。天と地の間に立つのが人である。この物質的な天地の内奥にそれを超越した高次元の精神的な天地が拡がり、その精神宇宙が物質宇宙を包摂しながら、精神宇宙が物質宇宙に投影的に凝縮されるという照応があると考えられる。その照応関係において、歪みや不調和が消えるために現われたのが天変地異と察せられるのである。実は、人体にも天人地（霊魂体、または霊心身、その象徴が頭胸腹）があり、天変地異は集合的な天地人相互の不具合や不調和が現象したと見られる。とすれば、それを回避する術は、人の外にではなく、人の内にこそあると言わねばならない。人の内でも要となるのは、人体の中心である。人体の中心は、頭（頭頂、松果体）か、胸（心臓）か、それとも腹（臍、臍下丹田、太陽神経叢）か。天村氏は「臍は神の座である」と明言する。有限者（人間）が無限者（神）に繋がる接点が、人体では臍という中心だというのである。この中心へ意識が向けられることが、天変地異・災害や戦争を回避するか、あるいは大難を小難にし、小難を無難にするかの秘鍵となる。

次に、（B）であるが、日本人の劣化や自信喪失が叫ばれて久しい。この現状の直接的原因は、敗戦後のＧＨＱ（連合国軍最高司令官総司令部）による占領政策にある。ＧＨＱ民政局の非専門家が草案を急いで作成した日本国憲法、勝戦国が敗戦国を裁くという国際法違反の東京裁判、日本人洗脳工作（War Guilt Information Program）によるプレスコード（情報統制）の検閲と焚書、21万人の公職追放と11万人の教職追放（及び左派主導の日教組と日弁連の設立）、サンフランシスコ講話条約締結時に密かに結ばれた日米安全保障条約、駐留米軍の特権を規定する日米地位協定（日米合同委員会を通じて今も日本が米軍の指令下に）、財政法4条（赤字国債の発行禁止）の縛りなど、日本再生の芽を摘み取る手段の限りを尽くした政策によって、伝統的な精神文化が根こそぎ引きぬかれ、悪いのは日本だという、事実とは全く異なる自虐史観・東京裁判史観が植え付けられてしまったのである。

日本人は本当に大人しい。親方日の丸ではないが、お上のいうことに盲従する。清明正直を好み、不正不浄を嫌う、殆ど天性のようなこの優れた民族特性は、時に大失態を招くことがある。現状が正にそうである。我々はもう少し世界情勢に目を向けるべきではないか。新自由主義と共産主義の二大陣営に挟まれて草刈り場と化した日本、全世界を同一基準で支配するマネー主義と経済システム、ロイター・ＡＰ・ＡＦＰなどの国際通信社や大手メディアによる情報統制、国連（United Nations連合国）の下部組織WHOによるパンデミック条約や国際保健規則の改変を通した主権国家支配の企て等々、それら全ての策動に見え隠れするのが、国際金融資本家達、いわゆるディープ・ステートである。これは陰謀論ではなく、公開された情報に基づく事実だが、情報弱者は気づかない。思えば、日本は、安土桃山時代（世界史的には大航海時代）以降、もう5百年もの長きにわたって、伝統的な精神文化を失い兼ねない危機に直面して来たのである。

それでは、そもそも日本とはいかなる国だろうか。著者のいう「肇国の精神、建国の精神」とは、神武創業、つまり「はつくにしらすすめらみこと」による建国の精神を指すが、実は日本国の起源は、必ずしも判然とはしない。8世紀初めの『古事記』『日本書紀』の神話とそれに続く歴史の記述には、残念ながら改竄や捏造が見られる。

「日本」という国号の始まりは、8世紀初頭の大宝律令に確認できるものの、倭国《わ》（和、大和《やまと》）と日高見国《ひだかみ》（日の本）が併存した事実さえ隠されている。天武・持統朝の国内外の情勢に合せて改変された記紀神話と歴史のみを見ていては、真の歴史は分からない。真の日本を取り戻すためには、真の歴史を復元せねばならない。いわゆる古史古伝にも史実の断片が埋もれているだろうし、何よりも我々自身の潜在意識・集合的無意識の中にその記憶が息づいているはずである。それを想起することが、日本再生・日本復活に繋がる。その無意識の淵に眠る記憶を手繰り寄せるよすがとなるのが、象徴《シンボル》や心象《イメージ》である。

松木草垣女史の言葉に従えば、日本は「根の国、日出ずる国」であり、天皇の「知らす国」である。「根」とは、植物の根本・根底である。その根が土中の養分や水分を吸って、幹（茎）や枝葉（花）となって伸びて行く。つまり、日本は世界各国が繁栄する礎となる「根の国」である、というのである。また、「日出ずる国」とは、太陽が東方より最初に昇る国という意味である。西洋から見て日出ずる東方（Ｏｒｉｅｎｔ）にある東洋の果て・極東が日本である。「日」（太陽）の本義は、「霊《ひ》」であろう。「霊」とは絶対無限永遠の実在であり、全宇宙と全人類の根源もそこにある。国旗「日の丸」が象徴するように、「日の本」は、世界に冠たる霊性の国としての「霊の本」である。

また、国歌「君が代」に窺えるように、日本は天皇の「知らす国」である。かつては「おおきみ」、「すめらみこと」と呼ばれていた天皇は、権力ではなく権威ある祭祀王として国民の安寧と世界の平和を祈る働きの中心となられる方である。天皇は国民（大御宝《おおみたから》）を我が身の分身と思うほどに領知し（知らす）、国民は天皇を敬愛するという君民一体が、日本の国体である。こうした認識の根拠は、歴史的起源と存在論的起源が一体化したような原本的事実に求められる。というのも、人類の始まりや日本の始まりは、歴史的事象（顕し事《うつしごと》）であると同時に、歴史を超えた事象（幽り事《かくりごと》）でもあるからである。「人類の始まりは日本である」と言えば、嘲笑されるのが落ちであろう。

だが、遠い微かな記憶が蘇れば、どうだろうか。事の真相は、日本は世界の中心として八百万の神々に護られ、顕幽両界を貫くお働きの天皇は、世界の中心として大宇宙の神霊に抱かれているということである。そうした「不思議が湧く有り難い国」が日本なのだ。「国が危ない、国が危ない。このままでは日本が滅びる」という草垣女史の言葉は、本来の姿を取り戻せとの叱咤激励と受け止めたい。近い将来、日本は世界平和の中心の国として全世界から称賛を浴びるはずである。

最後に、（C）危機への対処法とその基盤となる根本認識である。既に部分的には触れたが、改めて概観してみよう。著者の立脚点にあるのは、天村氏と草垣女史の教えと行ないである。「あたらしい道」とは、混濁の日本を建て替え、迫りくる末世の時代に備え、誠の日本人を仕込む「天の場」のことである。草垣女史は、「みたま」を覚知した誠の男千人を育てる仕込みの仕事に専念された。天変地異の災害や戦争に備え、日本を建て替えるためには、それに対処しうる「レジリエンス（精神的回復力）」が必要であり、その養成には「みたま」磨きが不可欠である。

「みたま」とは、私見では「霊魂《たましひ》」（魂《たま》し霊《ひ》）のことである。漢字「魂」に和語「たましい」を当てたのは正確ではない。魂は心のことだからである。霊と魂は同義ではない。「霊」それ自体は、本来、絶対無限、完全円満であり、創造主神（宇宙絶対神）に直結する実在であるが、それが有限で微細な「魂」へ、さらには有限で粗大な「体」へと自身の波動を落としながら、存在領域の裾野を拡げて物質波動を持つ現象界に住するうちに、故郷喪失・存在喪失の状態に陥ってしまった。そこで、本来の自己に目覚めるべく、改めて霊魂体（霊心身）の全人的な波動調整が必須となるのであり、その調整作業が「仕込み」だと解される。仕込みを経て、目覚めた霊魂体の霊魂（霊性）の部分を「みたま」と称しているのだろう。

無限者と有限者を繋ぐ接点は、人体では臍にあり、それゆえ霊性「みたま」磨きの要諦も臍にある。臍は人体の中心（表の臍）であるばかりか、顕幽一如の中心（裏の臍、神の座）

の象徴とも見られている。臍に意識を向けて拝むことで、「臍力無限、神通妙有」が開かれるという。「自分を掘って　掘って　掘り下げ切ったら　そこから無限　無限　無限　が湧いて出る」（草垣女史）のである。

以上から明らかなように、対処法は「仕込み」による「みたま」磨きであり、その実修の目指すところは、肉体人間観から霊性人間観への転換と、肉体の物質波動に籠絡された霊性の開顕である。ころころと変転する心（魂）の目よりも、永遠無限なる霊性の臍を現象界に開くことが喫緊の課題なのである。天村氏は「この臍能の正体が解明されて、たましいの動向が本当に分かる次の時代には、必然的に神に対する観念が是正されると同時に、生命の神秘も宗教も科学も一つのゴールに到達する「統一真理最高次元の場」が発見されるであろう」と宣言しておられる。その通りに違いあるまい。

目下、地球規模で進行中のパラダイムシフト（新しい世界観・価値観への大転換移行）においては、さらに社会的にも個人的にも「男性性と女性性の黄金調和」が求められていることを付言しておきたい。

本書には危機の時代への警鐘と対処法が様々な角度から具体的に示されている。著者による平明で丁寧な解説、草垣女史の直截的で時に峻厳な垂示・霊訓、天村氏の明快で透徹した論考、いずれにも看過し得ない貴重な指南と洞察が散りばめられている。掲載された幾つかの図表や資料、たとえば図「大宇宙と小宇宙の関係」や図「小宇宙「人間」の仕組み」における「無限中心」などの捉え方は、著者独自の解釈によるものだろうか、誠に興味深いものがある。消極的な受け身の運命を反転させて、いわば霊性主導の積極的な命運へと変容させるヒントが、ここにはある。本書の一読を心から推薦する次第である。

令和6年8月吉日

あとがき

いま我々は、前例のない危機に直面している。地球環境はかつてない異常状態に陥り、日本は未曽有の大災害の脅威にさらされている。予測不能な天災は戦争とは違い、天為として実行される天からの警告である。科学技術がいくら進歩しようが、人間は大自然を超えることはできない。歴史的な有事と地震の連動は、単なる偶然ではなく、自然の秩序やリズムの一部として理解されるべきである。科学的な根拠がないにしても、自然界が教えてくれる教訓を、歴史や文化を通して理解し、学び取るべきである。

世界的な軍拡は、人類の存続を脅かすレベルに達している。さらなる軍拡は、世界の覇権を握ろうとする野望に過ぎず、人類を滅亡へと導くだけである。ロシアのウクライナの侵略と、イスラエル・ハマスとの間の戦争は、終わりの見えない泥沼状態に陥っている。これらの紛争が続く限り、世界の安全保障は深刻な影響を受けることになる。中国との対立が激化している台湾と尖閣諸島については、この二つの戦争の結末が大きく影響することになる。

我々は偉大なる天への畏敬の念を失い、正しい教えや摂理、倫理、道徳を捨て去って生きてきた。現在の社会の崩壊を見ると、天は人類に愛想を尽かしたのではないかとも思える。しかし、この危機は、私たちの行動を見つめ直し、より良い未来を築くための道を探す契機となり得るものである。

松木草垣女史は、70余年前に今日あることを教え、「行くに行けない、越すに越せない時代がくる」と警告し、天の摂理にかなう生き方こそが、人を救い、国を救い、人類を救う教えであると説いた。日本人が生きる力の根源である「みたま」を覚醒し、日本人の心ともいうべき、肇国の精神と建国の精神を取り戻したとき、天意が発動して国が救われるのである。

この度、本書を上梓するにあたり、元筑波大学教授、京都府立医科大学名誉教授の棚次正和氏より、「霊性の開顕と日本復活」と題した深遠なる推薦文を賜りました。棚次氏の卓越した学識と見識は推薦文に鮮やかに表れており、その知識の深さと広がりが、高尚で洞察力に富んだ推薦文を生み出す源泉であると感じている。その蘊蓄《うんちく》に満ちた内容は、本書の伝えたい趣旨を、簡潔明瞭にまとめられており、心からの敬意と感謝の念を捧げる次第である。

棚次氏は、筑波大学で哲学・思想学系教授として輝かしい業績を残され、その後、京都府立医科大学で人文・社会学教授として長年にわたり活躍されました。人文・哲学・宗教学の分野で多くの研究業績を残され、現在も氏の活動はとどまる所がなく、絶え間ない探求と貢献には心より敬服するばかりである。

本書は、一般財団法人「あたらしい道」の協賛のもとで、出版の運びとなった。ここに関係者の皆様に厚く御礼を申し上げる次第である。また、出版にあたり、御指導と御協力をいただいた皆様に対し、深い敬意と感謝を表します。最後に、日本橋出版の大島拓哉氏には、編集から校閲、出版に至るまで、多大なる御支援をいただいたことに、心より感謝を申し上げたい。

令和6年9月

市野道明

Afterword

We are facing an unprecedented crisis. The global environment has fallen into an abnormal state never seen before, and Japan seems to be exposed to the threat of unprecedented natural disasters. Unpredictable natural disasters, unlike wars, are warnings from Nature. No matter how much science and technology advance, humans cannot surpass nature. The chronological coincidence of historical emergencies and earthquakes should be understood as part of the natural order and rhythm, even if there is no scientific basis. We must learn from the past and interpret messages from nature through our traditions and culture.

Global militarization has reached a level that threatens human survival. Further militarization is nothing more than an ambition to dominate the world and will only lead to the extinction of humanity. Russia's invasion of Ukraine and the war between Israel and Hamas have become mired in an endless quagmire. As long as these conflicts continue, global security will be fatally deteriorated. The outcomes of these two wars will also significantly affect the situations of Taiwan and the Senkaku Islands, where tensions with

China are escalating.

We have lost awe for Nature and the Universe as the creator, and have lived by discarding the correct teachings, providence, ethics, and morals. Looking at the collapse of today's society, it seems as if the creator of the universe has abandoned humanity. However, this crisis can be an opportunity for us to reflect on our actions and seek a path to a better future. Madam Matsuki Souen, through revelations from heaven, taught us 70 years ago what exists today and warned that an era would come when it would be impossible to advance or retreat. She taught that living in accordance with individual predestined life and providence as a human is the way to save individuals, the country, and humanity. When the Japanese awaken their "mitama," the source of their strength to live, and regain the spirit of founding the nation and the spirit of building the nation, divine will shall act, and the country shall be saved.

Upon publishing this book, we received a profound recommendation titled "The Revelation of Spirituality and the Revival of Japan" from Mr. Masakazu Tanatsugu, former professor at Tsukuba University and honorary professor at Kyoto Prefectural University of Medicine. Mr. Tanatsugu's outstanding scholarship and insight are vividly reflected in the recommendation, and I feel that the depth and breadth of his knowledge are the sources that produced such a noble and insightful recommendation. The content, filled with profound knowledge, succinctly summarizes the purpose of this book, and I offer my deepest respect and gratitude. Mr. Tanatsugu left a brilliant legacy as a professor in the Department of Philosophy and Thought at Tsukuba University and later made significant contributions as a professor of Humanities and Social Sciences at Kyoto Prefectural University of Medicine.

He has left many research achievements in the fields of humanities, philosophy, and religious studies, and his activities continue unabated. I have nothing but admiration for his relentless pursuit and contributions. Meeting Mr. Tanatsugu was a mysterious blessing, and I feel it is proof that our prayers to heaven were answered. This book was published with the sponsorship of the general incorporated foundation "Atarashii Michi." I would like to express my deepest gratitude to all those involved. I also express my deep respect and gratitude to everyone who provided guidance and cooperation in publishing this book. Finally, I would like to express my heartfelt thanks to Mr. Takuya Oshima of Nihonbashi Publishing for his extensive support from editing to proofreading and publishing.

Best regards,
Michiaki Ichino
September 2024

参考文献

「天人まつき・そうえん女史伝記」あたらしい道
「根」月刊誌、あたらしい道
「人を幸せにする魂と遺伝子の法則」村上和雄、到知出版社
「遺伝子オンで生きる」村上和雄、サンマーク出版
「人は何のために祈るのか」村上和雄、棚次正和、祥伝社
「新人間論の冒険—いのち・いやし・いのり」棚次正和　昭和堂
「内臓とこころ」三木成夫、河出文庫
「5次元モデルと超意識体」斎藤忠資、国立情報学研究所
「ワープする宇宙5次元時空の謎を解く」リサ・ランドール、向山信治、NHK出版
「日本国国歌正説」佐藤仙一郎著、全音楽譜出版社
「修身・日本と世界」小松末次、国際比較教育研究所

「日本水没」河田恵昭、朝日新書
「首都水没」土屋信行、文芸春秋
「救国のレジリエンス」藤井聡、講談社
「日蓮の立正安国論」正木晃、春秋社
「日本人に帰れ」出光佐三、ダイヤモンド社
「２０４０年の未来予測」成毛眞、日経ＢＰ
「いま、日本の危機に問う」市野道明、幻冬舎
「日本人の根源を問う」市野道明、日本橋出版
「すめらの道」市野道明、日本橋出版

［著者略歴］

松木天村（まつきてんそん）

１８９２年（明治25年）高知県生まれ。１９７５年（昭和50年）逝去。

元神光苑理事長、元あたらしい道本部主管者。

著書『日本の叡智：人類の黎明に向って』、『天の素材を調理する』、『宗教科学哲学を統一に導く最高次元の場』、『臍は神の座である：無限力をもつ統一の場』、『天と臍：宇宙時代文明の危機とその後に来るもの』、『腹能大学：人間に内在する無限力の場を開く』など多数の著書あり。

市野道明（いちのみちあき）

１９４６年（昭和21年）静岡県生まれ。

日本大学大学院理工学研究科修士課程終了。早稲田大学（工学博士）。技術士（総合技術監理、

土質および基礎、建設環境、下水道）。大手ゼネコン、総合建設コンサルタントで要職を歴任。秋田大学大学院講師、東北学院大学講師。現在、東邦技術株式会社取締役顧問、株式会社エンジニア・プランニング顧問、ジャパンテクノリサーチ技術士事務所代表。

著書『いま、日本の危機に問う』（幻冬舎）、『日本人の根源を問う』（日本橋出版）、『すめらの道』（日本橋出版）、『建設マネジメント（総合技術監理へのアプローチ）』（鹿島出版会）、『建設マネジメント（経営のわかる技術者を目指して）』（鹿島出版会）などの他、多数の論文あり。１９６９年（昭和44年）から松木草垣女史に師事し、１９７１年（昭和46年）大学院修了と同時に道友となる。

協賛　一般財団法人　あたらしい道

読者のみなさまへ

この本をお読みになって、どのような感想をお持ちでしょうか。

次ページの「100字書評」を編集部までお寄せいただけたら、ありがたく存じます。今後の規格の参考にさせていただきます。

もちろん、通常のお手紙でも、電子メールでも結構です。

その場合は書名を忘れずにご記入ください。

頂戴した「100字書評」は、事前に了解をいただいたうえで、新聞、雑誌などに掲載することがあります。その場合は、謝礼として、図書カードを差しあげます。

なお、ご記入いただいたお名前、ご住所、ご連絡先などは、書評紹介の事前了解、謝礼のお届けのためだけに利用し、その他の目的のために利用することはありません。また、そのデータを、6カ月を超えて保管することもありませんので、ご安心ください。

編集部

日本橋出版　書籍出版部
住所　〒103-0023　東京都中央区日本橋本町2-3-15
電話　03-6273-2638
メール　support@nihonbashi-pub.co.jp

100字書評　「日本の運命」

住所 〒

名前

年齢　職業

◎本書の購買動機

何々新聞（　）何々雑誌（　）書店で見かけて　知人のすすめ

日本の運命　不屈のレジリエンスと日本の再生

2024年11月3日　　第1刷発行

著　者――― 市野道明
発　行――― 日本橋出版
〒103-0023　東京都中央区日本橋本町2-3-15
https://nihonbashi-pub.co.jp/
電話／03-6273-2638
発　売――― 星雲社（共同出版社・流通責任出版社）
〒112-0005　東京都文京区水道1-3-30
電話／03-3868-3275
校　正 ――― 日本橋出版

ISBN 978-4-434-34492-3